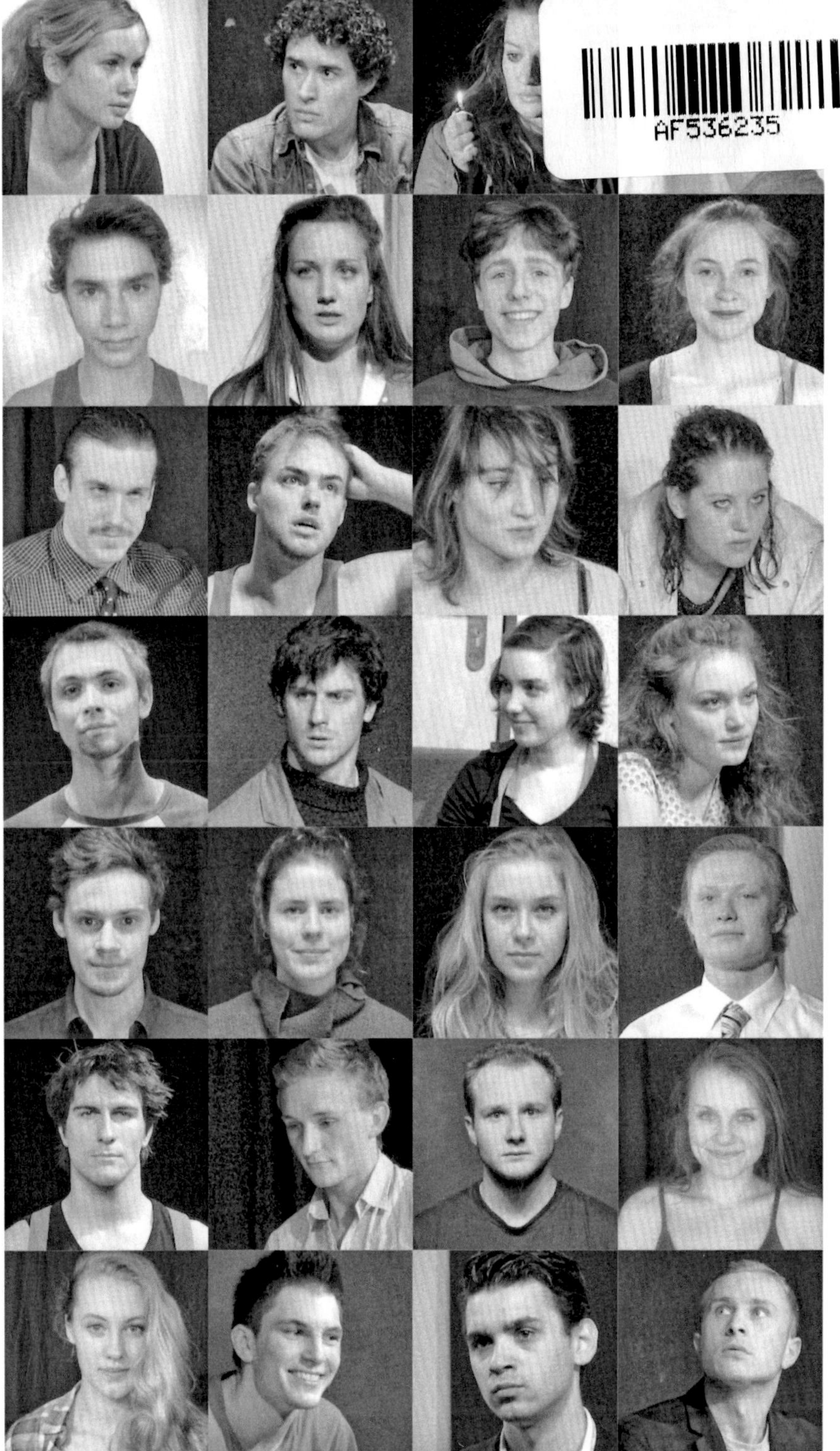

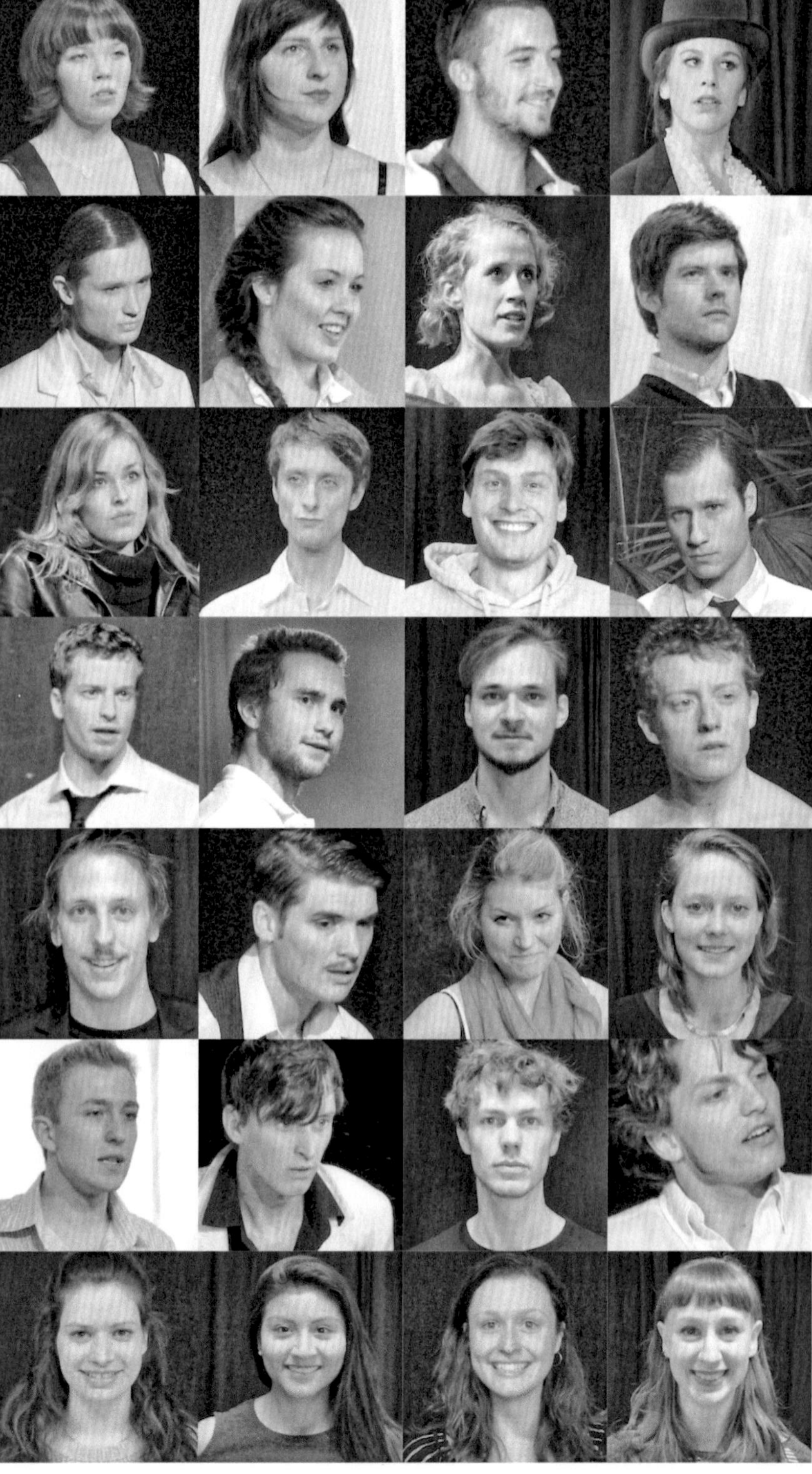

Ulf Manhenke

Kein Phönix ohne Asche

Bilder von Erich Kissing
Fotografien von Olaf Hilliger

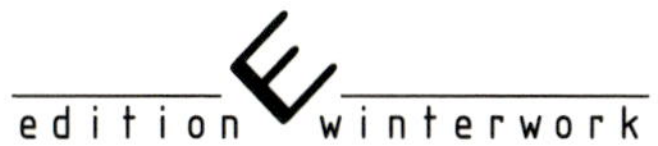

Bibliografische Information der Deutschen Nationalbibliothek: Die deutsche Nationalbibliothek verzeichnet diese Publikation in der Deutschen Nationalbibliografie; detaillierte bibliografische Daten sind im Internet über http://dnb.dnb.de abrufbar.

Lesehinweis: Wenn aus Gründen der besseren Lesbarkeit bzw. der direkten Übertragung aus dem gesprochenen Wort ausschließlich die männliche oder weibliche Sprachform verwendet wurde, soll sie selbstverständlich für alle Geschlechter gelten.

Impressum

Ulf Manhenke »Kein Phönix ohne Asche«
www.edition-winterwork.de

Satz: winterwork, Borsdorf
Titelgrafik: Christoph Bock
Bilder: Erich Kissing
Fotografien: Olaf Hilliger
Druck und Bindung: winterwork, Borsdorf

ISBN 978-3-98913-023-4

„Es gibt keine Grenzen. Nicht für den Gedanken, nicht für die Gefühle. Die Angst setzt die Grenzen."

„Wenn man daraus einen Schluss ziehen soll, dann vielleicht den, dass all meine Kreativität eigentlich ausgesprochen kindlich ist. Ich glaube, dass alles - was ich je getan habe und einen gewissen Wert besitzt - in meiner Kindheit wurzelt."

Ingmar Bergman

„Mit der Chance, Rollen zu spielen, kommen auch Persönlichkeitsanteile ins Leben, die - wie auch immer - unerweckt, tabuisiert oder gar verboten sind, gemäß der jeweiligen Individualisierung mit allen Selbstentfremdungen und Selbst-Beschränkungen. Schauspielen als Vehikel zur Entfaltung, Vervollständigung und - ja - sicher auch zur Gesundung. Manch einer mag sich aber auch in seiner Rolle behindern und verstecken und als Schauspieler ein geborgtes "Als-ob-Leben" führen. Dann wäre der Beruf eine echte Verhinderung für ein echtes, ehrlicheres Selbst."

Hans-Joachim Maaz

I. PROLOG FÜR EIN ECHO

Für die Älteren unter uns - Unsere Kinder sind unsere Hoffnung, sagt man so leichthin, in ihnen leben wir weiter, in ihnen werden wir gewissermaßen wiedergeboren. Es ist beruhigend zu wissen, dass alles immer wieder von vorn anfängt. Aber gilt das auch für die Zivilisation? Jede Generation, so jung und neu sie auch sei, wird auch in immer etwas „Älteres“ hineingeboren und zeigt unsere heutige Welt nicht bereits erste Zeichen von Altersschwäche? Ist da nicht eine bemerkbare Orientierungslosigkeit? Ist es schon Altersstarrsinn oder sind wir Menschen tatsächlich nicht im Stande, unsere Lage wirklich grundsätzlich zu verbessern, obwohl unser Wissen ununterbrochen wächst? Wir führen immer noch Kriege, wir verramschen immer noch unsere Lebensgrundlagen und wir ertragen dabei immer noch das Elend von Milliarden. Sicher, viele leiden unter ihrer Ohnmacht, nicht wenige werden davon sogar krank, andere gehen auf die Straße und schreien, aber in der Regel wenden wir in unserer Not hilflos den Blick vom Unerträglichen, trösten uns mit technischen Innovationen, nennen sie Fortschritt und richten auf sie unsere ganzen Hoffnungen. Einige fragen sich jedoch: Bedürften wir nicht - vor allem anderen - dringend einer grundsätzlich neuen Auffassung vom Miteinander-Leben und von unseren sozialen Beziehungen zueinander? Die Epoche der Post-Aufklärung, in der wir uns gerade befinden, ist eine schmerzvolle. Die vorhandenen Angebote definieren sich hauptsächlich über ein „Weiter so“ und stilisieren das Beharrungsvermögen zu einer Qualität. In unseren Schulen büffeln junge Menschen Infinitesimalrechnung oder erlernen die schematische Übersicht der Biosynthese von Insulin in Beta-Zellen; über Selbst-Wahrnehmung, Selbst-Erkenntnis oder das Gelingen von menschlichen Beziehungen, also über die Grundvoraussetzungen für ein glückliches Leben erfahren sie dagegen wenig. Ausgerufene „Bildungsoffensiven“ zielen fatalerweise vor allem auf die noch frühere und umfänglichere Benutzung von Computern und nicht auf die Halbierung von viel zu großen Klassenstärken, die notwendig wäre, um den Lehrerinnen und Lehrern die Chance zu geben, mit den Kindern und Jugendlichen in eine wirklich persönliche und zeitintensive Kommunikation zu treten. Sie haben es nicht leicht, die jungen Menschen, die in unserer Jetzt-Zeit starten müssen. Welche neuen Beziehungs-Ideen und politischen Intentionen können sie entwickeln, oder auf welche Veränderungen können sie dringen und welche neuen Lösungen erfinden, wenn sie seit ihrer Kindheit immer wieder erwachsenen Bedenken oder Aufforderungen zur Verdrängung ausgeliefert sind? Die meisten von uns werden solche Ermahnungen gut kennen: „Das gab es doch schon! Das hat keinen Sinn! Das ist schon längst ausprobiert worden! Lass das, das funktioniert sowieso nicht! Hände weg, das gehört dir nicht! Guck am Besten nicht hin! Das ist schon immer so! Deine Träumereien sind doch Leichtsinn! Da ist nichts zu machen! Sei doch vernünftig und verabschiede dich von diesen Illusionen! Dein Übermut nervt, du musst die Realitäten jetzt mal endlich zur Kenntnis nehmen! Das führt doch zu nichts! Finde dich damit ab! Komm jetzt mal auf den Boden der Tatsachen! Ich warne dich, mach jetzt bitte kein Theater!“

In dem Film, „Wo die wilden Kerle wohnen“, gibt es, wenn ich mich richtig entsinne, eine kurze Schlüsselszene. Sie geht etwa so: Wir sehen eine Klasse von Grundschülern. Den Kindern wurde wohl die Aufgabe gestellt, die Sonne zu malen oder zu basteln. Eifrig machten sich alle ans Werk. Die Buntstifte klappern, Papier wird gefaltet, die Kinder sind in ihre Fantasie eingetaucht. Vor Eifer beißen sie sich auf

die Lippen, eine hohe Konzentration ist im Raum. Wir können uns denken, dass keine Sonne einer anderen gleicht, sicher gibt es gelbe, orangene, rote, manche haben Strahlen aus kleinen Hölzchen, manche vielleicht auch eine kleine blaue Wolke, viele lachen und so weiter. Der Lehrer erzählt ihnen dabei in einem heiteren Ton und von seinem Wissen begeistert, was er über die Sonne weiß, dass sie eigentlich nur ein riesiger Kernreaktor sei, der einmal verlöschen würde und der dann, wenn es soweit ist, unsere Erde mit sich in den Untergang nehmen wird. Da ist es plötzlich still um ihn geworden und wir sehen in die erschrockenen und sprachlosen Gesichter der Kinder. Sie haben aufgehört zu zeichnen und zu basteln. Sie sitzen still auf ihren Plätzen und starren ihren Lehrer mit großen Augen an...
Wo ist heute noch unentdecktes Land? Wo können junge Menschen im ganz archaischen Sinne noch unbelehrt ihrer biologischen Mission nachgehen und ihre Sehnsucht nach dem Unbekannten austesten? Wo ist ihr Raum für Abenteuer? In welches noch nie Dagewesene dürfen sie sich träumen? Wo sind in unserer ökonomisierten Welt das Ausprobieren und das Scheitern noch erlaubt? Wo haben Spiel, Übermut und Zufall noch eine Chance? Wo bleibt die Erlaubnis leichten Sinns zu sein, wo der Platz für ein noch unerschüttertes Urvertrauen in die Berechtigung der eigenen Existenz? Eine Direktorin einer allgemeinbildenden Schule in L. begrüßte ihre neuen Schüler kürzlich - sicher irgendwie wohlmeinend - mit einem bitteren Witz: „Liebe Kinder, ihr wisst, für alle reicht es nicht, also gebt euch Mühe!"

Unsere jungen Menschen werden im Glauben, das Notwendige zu tun, aber auch aus Angst, Desinteresse und Bequemlichkeit, oder auch aus der eigenen Desillusionierung heraus täglich mit vielen Regeln, unumstößlichen Gewissheiten und dem wirksamen Verweis auf Notwendigkeiten aller Art in ihrem Streben nach sich selbst und ihrer

Welt behindert. Statt sie zu ermuntern, werden ihnen Ablenkungstechniken offeriert. Vieles, was einst selbstverständlich war, wird dabei zunehmend zu Dienstleistungen umgebaut. Eine hochentwickelte Ablenkungs- und Beschäftigungsindustrie sorgt für einen Abfluss der Energie der Jungen und gaukelt ihnen Lebendigkeit vor. Die Tyrannei der Möglichkeiten, die keine sind, und die Lüge, dass jeder alles aus sich machen könne, erweisen sich oft genug als trickreiche Geschäftsmodelle. Entdeckerlust wird auf Ferien-Resorts oder bestenfalls an gut organisierte „Treckingtouren auf zertifizierten Wildnis-Trails mit Abenteuergarantie" verwiesen, auf denen sich dann alle drängeln, die genug Geld besitzen und es immerhin geschafft haben, sich aus dem Fernsehsessel zu erheben. Für unsere Vorschulkinder gibt es pädagogisch konzipierte, künstliche Spiellandschaften, für die dann logischerweise Eintritt bezahlt werden muss. Alles ist vorgedacht, kalkuliert, berechnet, sicher auch mal gut gemeint, aber eben auch dann immer nur ein vorgekochtes Angebot, das die Jungen benutzen können oder nicht. Weniges ist noch authentisch, archaisch, echt.

Schon die Vision in Goethes „Faust" vom freien Grund mit freiem Volke ist bekanntlich ein Missverständnis, denn die arbeitenden Menschen, die der alte, erblindete Faust zu hören glaubt, sind die Lemuren und Geister, die ihm gerade sein Grab schaufeln. Längst ist doch klar, es gibt kein freies Land mehr. Überall ist schon jemand. Wollen sie es haben, müssen die „Neuen" den alten Besitzer entweder verdrängen oder unterwerfen oder wenigstens dafür bezahlen. Die Navigationsgeräte in den Handys unserer Kinder beschleunigen sicherlich ihre Mobilität, machen ihre Reisen aber auch beängstigend eindimensional. Der Preis, den die Jungen dafür zu zahlen haben, ist hoch. Vieles, was ein Umweg an Zufallsentdeckung und Überraschung mit sich bringen könnte, wird verpasst und die meisten Situationen, die sie vor echte und lebendige Herausforderungen stellen könnten, werden versäumt. Glücklich, wer wenigstens mal eine Panne hat, „aussteigen“ muss und so in einen echten Kontakt mit der Welt gezwungen wird. Er wird Beziehungen herstellen müssen. So etwas wird später, wenn es überstanden ist, gern in heimatlichen Runden erzählt. Das wird nicht vergessen, obwohl man in der Aufregung versäumt hat, ein Foto zu machen. Vielleicht weil überraschende Emotionen und bisher ungekannte Instinkte im Spiel waren. Weil man auf Unvorbereitetes gestoßen ist und weil möglicherweise anfangs sogar Angst eine Rolle spielte. Weil einen später der Stolz über die bewältigte Gefahr übermannte oder einen sogar das Glück über das unverhofft Gefundene und Entdeckte zu sehr bewegte. Oder weil man wieder Freundschaft mit dem Leben schließen konnte, da das Leben es „gut mit einem meinte“, während es mit uns spielte und wir mit ihm? Vermutlich. Also, ihr Älteren, lasst uns wieder spielen. Es lohnt sich.

Es ist gut, dass viele unserer Kinder noch einen der wenigen Orte kennen, wo man ohne Unterlass aufgefordert wird, sich auf eine ungesicherte Entdeckungsreise zu begeben, wo man sich selbst riskieren und wo man auch mal scheitern darf. Wo man unmöglich unverändert wieder herauskommen kann, wenn man sich wirklich darauf eingelassen hat. Wo man noch mit dem Teufel persönlich parlieren kann, wo einem unverhofft goldene Taler ins Hemdchen fallen und wo man immer aufs Neue ausziehen kann, um das Fürchten und das Lieben zu lernen. Und wo man auch immer wieder von vorne anfangen darf und muss. Es ist das Theater, das uns immer wieder ermutigt, den Versuch zu unternehmen, vom Normophatischen abzuweichen, denn die integrative Kraft des funktionsfreien Spielens ermöglicht die für ein lebendiges Leben immer wieder erforderliche Neubestimmung des Eigenen. So wie Schauspieler, auch ohne es bewusst wahrzunehmen, jede gespielte

Rolle, beziehungsweise die Erfahrungen, die sie bei der Auseinandersetzung mit ihr gemacht haben, in ihre eigene Biografie integrieren, so sind alle Menschen um ihrer Lebendigkeit willen und der damit verbundenen Chance auf Weiterentwicklung verpflichtet, sich immer wieder in Frage zu stellen und die Erschütterung aller Gewissheiten zu suchen.

Für Euch, die Jungen - Seit über fünfundzwanzig Jahren lebe ich unter Schauspielschülern wie in einer Schonung zwischen lauter Stecklingen; Ehemaligen, zu denen ich einst selbst gehörte und jenen, die ich später als ihr Spielmacher - diesen schönen Begriff borge ich mir mal von George Tabori - bei ihrem Wachsen begleiten durfte. Sie sind inzwischen zu einem großen und starken Wald geworden und täglich kommen neue und kräftige Bäume hinzu. Rufen wir hinein! Dies ist sein Echo. Dieses Buch soll euch vor allem Freude bereiten und eure Neugier wecken, es erhebt keinen Anspruch auf Vollständigkeit, es ist kein Lehrbuch und schon gar keine Anleitung zum Funktionieren. Es will versuchen, euch Lust zu machen. Lust auf euer Leben, auf Gefühle, auf Erkenntnis, auf Gesundheit und nebenbei auf einen der schönsten Berufe der Welt. Ein Hoch dem Übermut! Schon Albert Einstein sagte, dass die Fantasie für die Entwicklung der Menschheit von größerer Bedeutung sei als ihr Wissen, denn ihr Wissen würde im Gegensatz zu ihrer Fantasie immer begrenzt sein. In diesem Buch wird es also auch um die Überschreitung von Grenzen und um die damit verbundenen Emotionen und Gedanken gehen. Ist das erlaubt? Ja. Es ist zwingend notwendig.

Dieses Buch soll euch ermuntern, die durch Erziehung entstandenen Bilder von der Wirklichkeit und den dazugehörigen Gefühlen zu überprüfen und dadurch möglicherweise entstehende Verunsicherungen gegenüber euren echten Wahrnehmungen aufzubrechen. Einer meiner ehemaligen Studenten wird euch zum Beispiel davon erzählen, wie er durch die geforderte häusliche und schulische Anpassungsleistung und um den Weg des geringsten Widerstands zu gehen, seine Gefühle und Gedanken einfach so lange für sich behielt, bis er sie vergessen hatte. Er setzte sich vor den Computer und schließlich griff er auch zu echten Drogen, um diesen narkotischen Zustand dauerhaft auszuhalten. Erst beim Theaterspielen und der dabei erforderlichen Auseinandersetzung mit sich selbst, hat er diese „Notlösungen" erkennen und aufgeben können.

Günter Grass erzählt uns in seinem Roman „Die Blechtrommel" von einem anderen Narren. Weil auch er die Welt nicht aushält, wird der ehemalige Priesterseminar-Zögling Schugger Leo zu einer „stadtbekannten Figur". Er lebt schließlich nur noch von Almosen. Um etwas zu erbetteln, tänzelt er nach einer Beerdigung die Hinterbliebenen an. Am ganzen Leibe schlotternd bittet er mit seinen schimmlig-weißen Handschuhfingern beileidbeflissen um ein Trinkgeld. „Welch ein schöner Tag. Nun ist sie schon dort, wo alles so billig ist. Habt ihr den Herrn gesehen? Habemus ad Dominum. Er ging vorbei und hatte es eilig."

Wir haben es nicht eilig. Unser Buch hat viel Zeit. Seine fiktive Vielstimmigkeit stammt hauptsächlich aus einer Schauspielschule, sie ist Literatur, die Namen sind erfunden, und doch berichtet sie euch von etwas Echtem. Ob alle Geschichten wirklich so passiert sind, ist dabei unerheblich. Hauptsache, sie sind wahr und dafür garantieren die von mir erinnerten Stimmen ehemaliger Studierender, ihre Briefe und Mails, meine Mitschriften aus unseren Gesprächen, wenn wir uns getroffen haben, um über dieses Buch zu reden und meine Notizen aus unseren Seminaren. Der Prozess des Erinnerns bedeutet natürlich zugleich auch abständig zu werden, dennoch hat alles in diesem Mosaik einen wahrhaftigen Kern und kann sich auf Tatsächliches berufen, denn wie jedes Echo entstand auch dieses Buch aus einer Wechselwirkung. Es verweist dadurch gleichzeitig auf Vergangenes, Gegenwärtiges und Zukünftiges. Es hat einen persönlichen Charakter und ist dennoch allgemeingültig.

Im Menschen treffen sich Instinkt und Bewusstsein auf höchste uns bekannte Weise. Primitive Lebensformen, Pantoffeltierchen zum Beispiel bleiben Zeit ihres Lebens auf ein mechanisches Verhalten beschränkt. Sie können nicht spielen. Je weiter die Evolution fortschritt, desto weiter entwickelten sich jedoch auch die möglichen Verhaltensmuster der neuen Arten. Bis sie schließlich begannen zu spielen. Diese Fähigkeit, in einer fiktiven Realität im Vorgriff Zukünftiges auszuprobieren und zu trainieren, können wir spätestens bei vielen Säugetieren eindeutig beobachten. Wie sie ist auch der Mensch in der Lage, durch das Spielen seine Überlebenschancen zu erhöhen und im Theater, also in der modellhaften und spielerischen Erforschung und Abbildung unserer vergangenen, gegenwärtigen und zukünftigen sozialen und individuellen Widersprüche, erreichen diese Chancen ihre derzeit qualifizierteste Form. Hier bricht sich das Starre am Beweglichen. Obsiegen die Lebendigen über die Toten. Und manchmal macht Theaterspielen auch einfach nur verdammt viel Spaß.

„Das war ein Forschen, Lernen und Entdecken, nicht nur für den Beruf, sondern auch für das Leben. Im besten Sinne des Wortes war es eine prägende und richtungsweisende Zeit. Sich seines Selbst bewusst zu werden, erforderte den Mut des Sehens, die unbändige Lust, die eigenen Sinne zu schärfen und so verbindlich in die Kommunikation mit sich selbst und seiner Umwelt einzutreten. Meine Zeit an der Schauspielschule erwies sich für mich als eine Art Arbeit am Fundament. Es war eine Lebensschule." Mika

„Jetzt bin ich hier in B. berufstätig, ich bin Schauspielerin, ich denke über Steuererklärungen nach, übers Kinderkriegen und mögliche Krankheiten, die mich ereilen könnten, und ich weiß, mit zweiundzwanzig habe ich mich auch schon mal so fertig gefühlt, so erwachsen. Aber da hatte ich diesen Traum, ich wollte Schauspiel studieren! Und im Studium habe ich dann gemerkt wie jung ich eigentlich noch bin, wie lebendig und unfertig und wie viel Spaß es macht, so zu sein. Und jetzt erinnere ich mich hier an dieses Gefühl und dann wird alles ganz leicht und aufregend. Das ist wie ein schöner Schatz, der in mir drin ist." Jonna

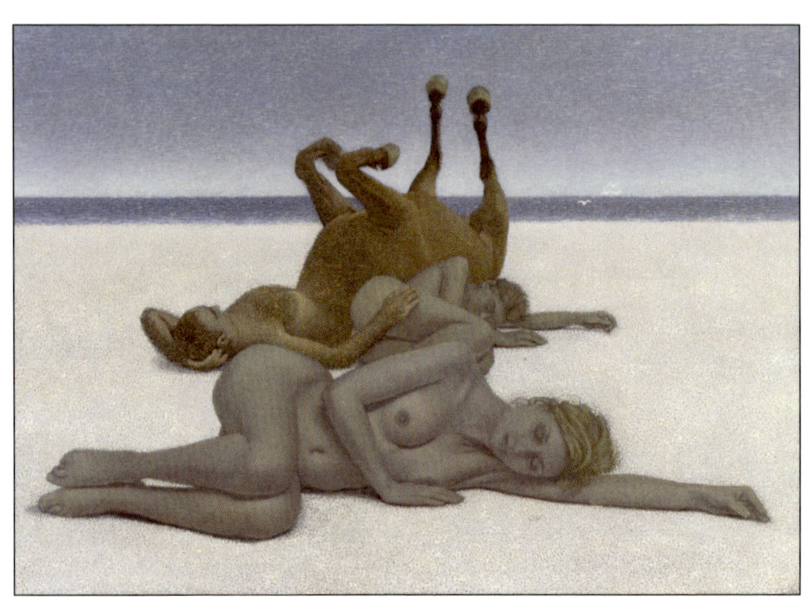

II. DIE FREIHEIT, ZU DEN LIEBENDEN ZU GEHÖREN

Cheiron, der Zentaur - Der Schauspieler besteht - wie alle Menschen - aus seinem Körper, wir sagen verkürzt „Bauch", und seinem Geist, wir nennen ihn verkürzt „Kopf", einem uralten Spannungsfeld, das seit jeher Konflikte mit sich bringt. Diese Konflikte, wir nennen sie innere Widersprüche, treten beim Schauspieler besonders deutlich hervor, da er sein eigenes Instrument ist und so gleichzeitig immer Pferd und

Reiter sein muss. Wie jeder Reitsportliebhaber bestätigen wird, sind die typischen Risiken, die zu einem Kaputtmachen eines Ritts führen können, ein tyrannischer Reiter, der durch seine Überkontrolle, also das Nicht-geschehen-Lassen, versucht, die Arbeit des Pferdes zu machen, oder ein Pferd, das durch die Unterkontrolle, also das Nicht-führen-Wollen des ängstlichen und damit abwesenden Reiters, die Kontrolle über das eigene Tun verliert. In Schauspielern verschmelzen nun Bauch und Kopf, also Körper und Geist, ohne ihre Bipolarität aufzugeben, in einer besonderen Weise, den Zentauren ähnlich, und die waren ein lüsternes und wenig beherrschbares Volk. Cheiron, der berühmteste der Zentauren der griechischen Mythologie, galt jedoch als weise und gerecht, er war ein Freund der Götter und der Erzieher der Heroen. Er unterrichtete Jason, Achilleus, Theseus und Aineias. Er besaß Kenntnisse in der Arzneikunde und war als Lehrer des Asklepios Begründer der Medizin. Er, der Unsterbliche, entsagte der Legende nach seiner Unsterblichkeit zu Gunsten des gefesselten Menschenfreunds Prometheus. Er erlöste ihn mit seinem Tod und opferte sich so für den, der uns Menschen das Feuer gebracht hatte.

„Als ich fünfzehn war, da saß ich in meiner Heimatstadt im Theater und sah ein Stück von Gerhart Hauptmann. Ich glaube, es hieß „Vor Sonnenaufgang“ und da gab es eine Szene zwischen einem jungen Mann und einer jungen Frau, und er sagte etwas zu ihr, das mich sehr bewegte: „Ihr Kampf, der kann nur ein Kampf um persönliches Wohlergehen sein. Der Einzelne kann das vielleicht erreichen. Mein Kampf ist ein Kampf um das Glück aller. Sollte ich glücklich sein, so müssten es erst alle anderen Menschen um mich herum sein. Ich müsste um mich herum weder Armut, weder Knechtschaft noch Gemeinheit sehen. Ich könnte mich sozusagen nur als letzter an die Tafel setzen.“ Das

war unglaublich. Das traf mich. Das brannte wie ein Feuer in mir. Ich war denen da oben so dankbar, denn das fühlte ich auch, obwohl es auch irgendwie verrückt ist so zu denken, und plötzlich war mir klar, dass ich Schauspieler werden wollte, und ich habe dann die ganze restliche Vorstellung diese Sätze vor mich hingemurmelt. Ich wollte sie nicht vergessen. Das war mein erster gelernter Text und durch ihn bekam mein Gefühl für die Welt seine ersten Worte." Finn

Küünstler - „Da steht der Kreißsaal im Olivenhain / Und beim ersten Schrei ist schon Kunst dabei / Küünstler, das wird man mit der Muttermilch / Jetzt schau dir unsre Mutter an / Sieht die aus wie Thomas Mann / Nein, machs nicht, lass sein..." lästert der Schauspieler und Sänger Rainald Grebe so wunderbar über seine Eltern. Kunst ist eine ebenso harte Arbeit wie jede andere und wer sich für das Theaterspielen begeistert, sollte dem Regisseur Keith Johnstone genau zuhören, der gesagt hat: „Man muss ein sehr hartnäckiger Mensch sein, um in unserer Kultur Künstler zu bleiben. Es ist leicht, die Rolle des Künstlers zu spielen, doch wirklich etwas erschaffen kann man nur gegen seine Erziehung... Viele Lehrer halten Kinder für unreife Erwachsene. Hielten wir Erwachsene für verkümmerte Kinder, würde das vielleicht zu einem besseren Unterricht führen." Als „nicht verkümmerter Erwachsener" Theater zu spielen, verlangt vor allem das Erkennen und Annehmen des unwiederbringlichen Momentes, in dem wir uns jeweils gerade befinden, doch darin liegt gleichzeitig das bittersüße Bekenntnis zu unserer Vergänglichkeit und dieses Bekenntnis erfordert die Überwindung unserer Angst. Das damit verbundene Erwachen aus unseren narkotischen Zuständen kann schmerzhaft sein, ist jedoch eine Voraussetzung für jedes Spiel. Genauso wie das Begreifen, dass auch das Scheitern einen weiterbringt. Mache

Fehler und lache darüber. Das ist Revolution. Luk Perceval sagt dazu: „Schreibe im Sand."

„Die blockierenden Ängste zu versagen, nicht zu genügen oder nicht „up to date" zu sein, sind heute, so denke ich, zu einem Element des Marktes geworden, denn mit den narzisstisch-neurotischen Nöten, denen sie entstammen, wird täglich bewusst manipuliert. Das System, in dem wir leben, ist von diesen Ängsten abhängig. Verliebte, so sagt ein Sprichwort, leben von Luft und Liebe. Das heißt, wenn wir glücklich sind, werden wir gleichzeitig schlechte Konsumenten. Glückliche und unabhängige Menschen müssen dem marktkapitalistischen Prinzip, das für sein Funktionieren den bedürftigen Konsumenten benötigt, ein Graus sein. Daher sehe ich meine Arbeit, das Theaterspielen, das sich ja im Kern immer um die emotionale und gedankliche Befreiung des gefesselten Menschen bemüht, und wir Schauspieler leben das ja auf der Bühne vor, auch als eine politische Arbeit. Unsere Aufgabe besteht in nichts anderem als dem ewigen Werben um das Leben, um den Mut zur Lebendigkeit. Sei es durch die Arbeit auf der Bühne, im Film, als Krankenhausclown, als Leiter einer Amateurtheatergruppe oder als Workshop-Leiter für Manager. Das Feld, in dem wir Schauspielerinnen arbeiten können und sollten, ist riesig. Die Möglichkeiten, die Wut auf die Verhältnisse in positive Energie umzuwandeln, sind unendlich." Mo

Radikalität - „Ich konnte es einfach nicht lassen: ich war ein Clown, ich würde ein Clown bleiben und ich würde als Clown verrecken - hasserfüllt und unter Zuckungen", lässt Michel Houellebecq seinen Daniel in „Die Möglichkeit einer Insel" über sich selbst sagen und er mutet uns damit etwas zu. Er verbindet das landläufige Bild des fröhlichen Clowns mit dem höchsten energetischen Zustand, der Wut, und lüftet für uns damit ein Geheimnis: Verwechsle nie den Künstler mit seinem Werk. - Odin, der germanische Gott des Krieges, der Ekstase und der Dichtung, und der griechische Gott Apoll, Gott der Bogenschützen, der Heilung und der Künste sind beredte Zeugen für die uralte Verwandtschaft von Kampfeslust und Reinigung durch Kunst.

„Da ist dieser Wust an Gedanken, Informationen, Feststellungen, Meinungen, die meist eine geringe Haltbarkeit haben, denn diese Fülle von Wahrheiten, die einander ausschließen und doch alle Geltungsanspruch haben und zu denen ich mich immer wieder neu positionieren muss, verlangen eine Menge Flexibilität. Und da stellt sich vehement die Frage nach Selbstdefinition und Position zur Welt, die irgendwie unmöglich ist ohne Ironie, welche ich, wenn auch oft beschimpft als Haltungslosigkeit, mit der Zeit anfange für die einzig mögliche Haltung zu halten, mit der man der Pluralität des Lebens gerecht werden kann. Ich kann doch nicht eine harmonische Welt einfacher Wahrheiten zeigen, damit die vom Leben verwirrten Zuschauer erleichtert sind, dass sie doch alles richtigmachen und sich gegenseitig zunicken wie die Wackeldackel in irgendeinem Auto.“ Lia

Die Tage in L. - „Lachen ist immer die gelungene Erkenntnis, dass etwas nicht stimmt. Wir lachen, weil uns etwas auffällt: die Wirklichkeit“, beobachtete Ronald M. Schernikau in seinen Tagen in Leipzig. Der Geburt eines neuen Gedankens, eines trefflichen Witzes oder eines bissigen Theaterstücks geht wie jeder Revolte oft der Tod einer Gewissheit, der Abschied von einer lieben Gewohnheit oder die irritierende Wahrnehmung eines schmerzlichen Widerspruches voraus.

Das meiste, was um uns herum passiert, wird zuvorderst nicht von unserem Bewusstsein erfasst, sondern ist zunächst Teil einer automatischen emotional-sinnlichen Interaktion. Um das Denken müssen wir uns dann bemühen. Das gute Theaterstück und der treffende Witz erfinden dann dafür die geeigneten Worte. Lachen ist die beste Medizin. Noch besser ist das Lachweinen.

„Theater ist für mich lachen und weinen zur gleichen Zeit, etwa so: Ein alter Mann, der auf seinen Stock gestützt durch den Park seines Seniorenheims schlurft, hat plötzlich etwas im Mund und er bemerkt, dass ihm sein letzter Zahn ausgefallen ist. Da entdeckt er, dass sein Stock hohl wie ein Blasrohr ist und schießt damit den Zahn so richtig weit weg ins Grüne. Er beseitigt damit einfach das Zeugnis seines Verfalles, aber nicht nur das macht ihm gute Laune, denn das Blasrohr erinnert ihn offensichtlich auch an seine Kindheit und den Spaß, den er früher hatte. Er lacht und lacht und würde gerne noch mal mit dem Blasrohr etwas wegschießen, aber er hat ja keinen Zahn mehr. Dadurch fällt ihm wieder ein, dass er ein alter Mann ist. Also schraubt er seinen Stock wieder zusammen und schlurft zurück ins Heim.“ Anke

Im Faxentempel - Wer war noch nie ein bisschen trübselig, das gehört zum Leben dazu. Gründe zum Traurigsein gibt es genug und nicht nur der Tod, der uns gewiss ist, macht uns bedürftig nach einem Sinn, dem Sinn des Lebens zum Beispiel, und vielleicht suchen wir, die wir doch wie das gesamte Universum aus dem Chaos kommen, deshalb ständig nach der ewigen Ordnung, nach dem guten Geist oder wenigstens einer allgemeingültigen gütigen Idee und klammern uns dabei an die abstrusesten Theorien. Und wir entwickeln dabei sehr anspruchsvolle Wünsche: “Ich such die ganz, ganz, ganz, ganz,

ganz, ganz große Liebe! Ich such das ganz, ganz, ganz, ganz, ganz, ganz große Glück!" Das war lange ein Semesterhit unserer Studenten. Na klar, die große Liebe und das große Glück, wenigstens das sollte doch drin sein! Das Leben raubt uns unsere Naivität und schenkt uns dafür die Kultur. „Verstand schafft Leiden", weiß man seit den alten Griechen und das macht Sinn. Es heißt ja auch Sinnlichkeit und nicht Seinlichkeit. Und Kunst ist die Brücke zwischen Sinn und Sein. Und Kultur ist die Natur der Zivilisation. Und im Theater imaginieren wir schon mal den nächsten Urknall: Peng!!! „And always look on the bright side of life. Da dum da dum dadum dadum dadum..." Der Menschenkenner und Schauspieler Kurt Böwe hat es in seinem „Unfugladen" schon gewusst: „Ohne ein gewisses Quantum an Mumpitz geht's nicht."

„Wie geht das? - Meine Mutter hatte Geburtstag und ich hatte wie immer noch kein brauchbares Geschenk für sie und auf dem Weg zum Blumenladen lief ich an einem Plakat vorbei, auf dem angekündigt wurde, dass in unserer Kulturbrauerei irgendwelche Schauspieler am nächsten Tag Gedichte von Wladimir Majakowski lesen würden. Mich interessierte das nicht besonders, aber ich dachte, für meine Mutter wäre das ganz okay. Und so saß ich dann als Siebzehnjähriger zwischen meinen Eltern im Publikum, kaute Kaugummi, hörte mir notgedrungen diese Texte an und sah den Schauspielern zu, wie sie das machten. Das war so überraschend voller Leben. Und das war dann auch der Tag, an dem sich definitiv meine beruflichen Pläne änderten. Wie konnten diese Leute da auf der Bühne, die eigentlich nur dasaßen und uns was vorlasen, in mir solche Gefühle entfachen? Wie geht das? Das wollte ich auch können und ich hatte sofort Lust, mich heftig zu verlieben." Kati

Das macht mir gute Laune: Der Mensch ist nur vollkommen in seiner vollkommenen Unvollkommenheit.

Bekenntnisse - Ein früher bekannter Boxer, Sohn eines italienischen Eisenbiegers, ein sympathischer, aber später oft erfolgloser Haudrauf, der durch allerlei Ungemach auch mal um den einen oder anderen Sieg betrogen wurde, hat, wenn die Geschichte stimmt, in einem Interview, als er gefragt wurde, worum es im Leben ginge, die Sache mit Berliner Schnauze einmal so auf den Punkt gebracht: Fernsehen, Ficken und ein bisschen Anerkennung. - Jeder Mensch, der seine eigene dünne Haut genauso zu Markte trägt, wie jener Faustkämpfer es getan hat, weiß, da ist viel Wahres dran. Wäre er ein Schauspieler und würde er gefragt werden, würde das Feuilleton notieren: Spielen, etwas Liebe vielleicht und wenigstens einmal den Gertrud-Eysoldt-Ring.

„Was du für den Gang auf die Bühne, dorthin, wo deine Angst ist, brauchst, ist derselbe Mut und dieselbe Wut wie ein Kampfsportler, der durch die Seile in den Ring klettert. Und dir wird ganz plötzlich klar, du hast dich gerade absichtsvoll in eine Situation gebracht, die dir alles erlaubt, nur eins nicht: Zu flüchten.“ Fritz

Träumer und Krieger - In der Schauspielschule wird mit dem Wortspiel „Studenten - Dozenten - Patienten“ viel herumgewitzelt. Das kommt nicht von ungefähr. Manche bezeichnen die Leipziger Schule auch liebevoll als „Hans-Otto-Klinik“. Ja, im Theater treffen sich die Träumer und die Krieger. Heute sagt man gern, die ADS-ler und die AD(H)S-ler. Die, die in uralten Zeiten ihre Horde aus der Höhle geführt haben. Die einen, weil sie sich mit ihrer Fantasie das unbekannte Land hinter dem Berg erträumen konnten und die anderen, weil sie angstfrei und mit genug überschüssiger Energie ausgestattet waren, um einfach loszugehen. In den heutigen Zeiten der Dominanz von Struktur, Ordnung und Konformität geraten in solcher Art begabte Menschen, die sich nur schwer durch jene Mühle mahlen lassen, wo hinten der Homo oeconomicus herauskommen soll, mit ihren für Dressur wenig geeigneten Gehirnen und ihrer Neigung zu ungezügeltem Verhalten schnell in die Rolle von Außenseitern.

Rettet das Spiel - „Spielen ist die Entäußerung eines Zustands, in dem der Mensch seine Angst verloren hat", sagt uns der Hirnforscher Gerald Hüther. Für den Schauspieler heißt das, in eine ungehemmte, bedenkenlos spielerische Beziehung zu seinen Spielpartnern, zu seiner Rolle und zur Stücksituation zu treten. Jeder von uns konnte das schon einmal, als Kind. Ein leerer Joghurtbecher konnte für uns zu einem Raumschiff werden. Unsere „Enterprise" startete in Florida, der Küchentisch diente uns dabei als Weltraumbahnhof und wer gut blinzeln konnte, schmulte durch seine Wimpern und machte sich so noch richtig schlechtes Wetter dazu, denn die Gefahr erhöht bekanntlich das Vergnügen. „Hallo Erde, hier spricht Commander Fox, wir erreichen soeben die geplante Umlaufbahn!"

„Ich war eher angstvoll und schüchtern, meine Eltern behaupten, ich hätte erst mit knapp vier Jahren angefangen zu sprechen und dafür dann sofort in ganzen Sätzen, ich war jedenfalls tatsächlich ein wortkarges Kind. Auf der Bühne ist das anders, spielen ist eindeutig eine positive Situation mit Suchtcharakter! Ich will mit einem Schirm im Regen baden gehen und mich dabei darüber aufregen, dass der Regen mich nass macht. Oder einen blinden Bettler spielen, dem vom Dach erst ein paar kleine abgebrochene Stückchen eines großen Eiszapfens in die Hände fallen und der sich dann verbeugt, weil er die kalten Stückchen

für Geldmünzen hält, die ihm jemand in die Hand gelegt hat, und der dann in diesem Augenblick von dem jetzt herabfallenden großen Eiszapfen, der sein entblößtes Genick trifft, erschlagen wird. - Lachen hilft mir Dinge zu vergessen." Ben

Nein! Keine Angst vor deiner Fantasie - Wir sind jetzt auf der Bühne, in einer Probe und du bist nicht für deine Fantasien verantwortlich! Zwanzig Jahre wurde alles Mögliche in dich hineingestopft, hast du alles Mögliche konsumiert, ob freiwillig oder nicht, jetzt sind wir im Theater und das ist ein geschützter Raum, also lass das ganze Chaos endlich wieder raus, verabschiede dich aus deinem Entschuldigungsmodus und von deiner Selbstzensur, die verursachen nur einen elenden Schluckauf. „Die Moral und der gute Geschmack sind ein altes Ehepaar und ihre Kinder heißen Dummheit und Langeweile", heißt es in „Unser Kopf ist rund, damit das Denken die Richtung wechseln kann" von Francis Picabia. Jetzt male schon deine Teufel an die Wand und erschrick vor ihnen! Du erschaffst dir mit deinem Vorstellungsvermögen eine Realität und mittels deiner schauspielerischen Fantasie handelst du in ihr. Überschreite dabei auch deine Grenzen: Wehre dich zum ersten Mal gegen deine Peiniger / Klingle an der Haustür und bitte das Mädchen herunterzukommen, damit du ihr sagen kannst, dass du sie liebst / Frage deine Mutter nach ihrer Krankheit / Schrei laut um Hilfe, wenn du dich im Labyrinth verirrt hast / Triff in der Nacht auf wilde Tiere / Sag ihm, dass er dir nicht gut tut und verlasse ihn / Tritt ein in den Raum, in dem man dich nicht erwartet, und sage: Hier bin ich / Spring über die Schlucht und setze deinen Weg fort.

„Das ist brutal, manchmal denke ich so verdammt zu viel nach, schreibe Texte, nur so für mich, habe das Gefühl, kreativ zu sein,

eine künstlerische Persönlichkeit zu entwickeln, und dann bin ich plötzlich wieder einer, der sich in der Garderobe über Penis-Wortspiele totlachen könnte. Manchmal fühle ich mich auch auf der Probe so dumm. Ich möchte doch so gern zu allem etwas beitragen und kluge Antworten geben und schnell sein im Denken. Aber ich bin es nicht. Mein Kopf ist dann ein Sumpf, in dem alles versinkt. Ich kann mich total begeistern für vieles. Ich kann dann lichterloh brennen und das kann ich dann auch auf der Bühne zeigen, aber ich bin nicht der Impulsgeber, der das Bühnengeschehen vorantreibt und neue Anregungen gibt. Ich bin irgendwie zu harmoniebedürftig, das ist mein altes Problem. Da ist dieser alte Affe Angst, ich kenne ihn gut und er nervt mich wahnsinnig, aber ich will mich von ihm befreien!" Tino

Zu den Liebenden gehören - Loslassen auf der Bühne und frei sein im Spiel bedeutet nicht ungebunden und unverbindlich zu sein. Sich „frei-machen" heißt nicht Entbindung und Entbettung, sondern Einbindung und Einbettung. Der Philosoph Byung-Chul Han erklärt uns, dass die indogermanische Wortwurzel „fri", worauf Wendungen wie frei, Friede und Freund zurückgehen, ursprünglich „lieben" bedeutete. „Fri" hieß „zu den Freunden oder den Liebenden gehörend" und daraus können wir schließen, dass nicht Bindungslosigkeit, sondern Bindung einen Menschen frei macht. Freiheit ist ein Beziehungswort. Ich fühle mich geliebt, ich bin unter Freunden, ich bin frei. Also darf ich spielen.

Zwischen den Stühlen - Nehmen wir uns die Freiheit, machen wir ein Gedankenexperiment. Nehmen wir an, ein neues Medikament wurde entwickelt und einhundert Erkrankte wurden damit behandelt. Siebenundneunzig Patienten vertrugen es gut und wurden gesund

und drei Menschen starben daran. Vielleicht, weil sich ihre individuelle Konstitution zufällig mit dem Mittel nicht vertragen hat. Für diese drei war das Mittel also ein Gift, das zu ihrem Tod geführt hat. Ist es dann immer noch ein Medikament? Hätten die drei nicht das Recht, das Mittel als Gift zu bezeichnen? Was ist die Wahrheit und gibt es sie überhaupt? Gibt es vielleicht einen Unterschied zwischen dem gemeinhin anerkannten Wissen der Mehrheit und dem Wissen des Individuums? Da der Schauspieler nur die Rolle einer einzigen bestimmten Person spielt und nur ein ganz bestimmtes individuelles Handeln verlebendigen soll, hat er bei der Erarbeitung seiner Figur und in seinen Wertungen alle Freiheiten. Der Platz des Künstlers ist zwischen den Stühlen.

Mantra: Güte und Demut - Die menschliche Geschichte zeigt: Was Fanatiker in die Hände bekommen, wird für eine lange Zeit unbrauchbar. Im Theater können wir wie im Leben beim Beobachten menschlicher Beziehungskonstellationen und den daraus entspringenden Konfliktsituationen oft feststellen, dass die gestische Entäußerung, also die Art und Weise wie ein Mensch handelt oder sich äußert, oft eine folgenreichere Semi-Botschaft zum Gegenüber transportiert, als das, was der reine Inhalt des gesprochenen Wortes beinhaltet. Wir können beobachten, wie diese Art und Weise dann den Fortgang der Geschichte unter Umständen wesentlicher bestimmt als der Text. Das kann der Schauspieler mit seinem Spiel ausformen und damit seine Sicht auf diesen Menschen und seine Konflikte transportieren. Mit Güte und Demut muss er sich dabei der voreiligen Bewertung seiner Rolle in gut und böse verweigern. Für den Schritt in die Komplexität braucht er einen fremden Blick, die künstlerische, die berufliche Distanz.

Kunstimpuls - Wer kennt das nicht? Du hast zum Beispiel großen Liebeskummer und was dich tröstet, ist der Abstand, die Abstraktion, die Verdichtung, die Verwandlung deiner Gefühle und Gedanken. In deinem unendlichen Kummer schreibst du ihm oder ihr ein Gedicht oder einen Song und bist fürs Erste gerettet! - Schaffst du es, deinen privaten Impuls in etwas Persönliches, aber auch Allgemeinverständliches zu übertragen, ist es vielleicht der Anfang von Kunst. Also suche in dir, schreibe, dichte, singe, denn wenn man kein Eigenes hat, wie soll man da Fremdes verstehen können?

„Da ist mein tiefes Misstrauen. Ich weiß es einfach nicht. Ich habe schon immer so ein Misstrauen gegenüber den Erzählungen der anderen über mich und meine Kindheit gehabt. Ich will mir nicht erzählen lassen, wie es war, ich habe immer das Gefühl, dass irgendwas nicht stimmt. Ich habe Gefühle, die nicht in diese Erzählungen passen. Irgendetwas fehlt. Ich bin wie die Asche einer Glut, die ich nie war. Das habe ich mal irgendwo gelesen und genau so fühle ich mich. Luca, der Automat, der immer funktionieren will. Das merke ich auch, wenn ich etwas sage, wenn ich zum Beispiel heute meine Studienwunschbegründung von damals lese, denke ich, was ist das, was der da von sich gibt, das klingt so unglaublich gelogen, so falsch, als ob ich nur das schreiben konnte, was ich glaubte, was gehört werden will. Ich fühle mich wie die tragische Figur in einem Drama, das ich gar nicht kenne und dabei bin ich doch immer nur guten Willens." Luca

Tot oder glücklich - Die Figuren befinden sich auf der Bühne immer in einem Konflikt, einem Widerspruch, einem Dilemma, also in einer Lage, die sie gerne verändern wollen. Alles wie im echten Leben. Sie muss zum Beispiel in Henrik Ibsens „Nora oder ein Puppenheim" ihren Mann und ihre Kinder verlassen, um sich selbst zu finden; oder er giert in Shakespeares „Macbeth" danach, an die Macht zu kommen, König von Schottland zu werden, doch dazu müsste er den aktuellen Herrscher töten und dazu reicht sein Mut nicht aus; oder das berühmte junge Liebespaar aus „Romeo und Julia" will unbedingt zusammen sein und heiraten, obwohl ihre Familien seit Generationen verfeindet sind. Diese Konflikte zwingen all diese Menschen zum Handeln und wir können ihnen im Theater dabei zuschauen, weil die Bühne ein öffentlicher Ort ist. Wenn die Schauspielerinnen und Schauspieler glaubhaft arbeiten, sich ihr Spiel auf uns überträgt und ihre Artistik mitreißend ist, müssen wir lachen oder weinen oder am besten beides. In einem guten Spiel geht es immer um alles, veröffentlicht sich immer die ganze Welt, auch wenn es dafür nicht immer einen konkreten Text gibt. Es geht dabei für die Theaterfiguren immer aufs Neue um eine der tausend Arten des Erwachens, also um Erkenntnis, um Realismus. Und am Ende haben sie es alle geschafft. Sie sind entweder tot oder es gibt ein Happy End.

„Eure faden Schätze glänzen doch auch nur nach dem Polieren, dachte ich, wie ich so auftauchte aus meiner Kinder-Niedrigkeit, Stück für Stück nach oben, auf die berühmte Augenhöhe, und mein Gott, mit wie vielen Erwachsenen wurde ich auf diesem Weg konfrontiert, die doch selbst auf irgendeiner Zwischenstufe hängen geblieben waren und mich nun ihrerseits festhalten wollten. In wie viele Gesichter ich dabei geschaut habe, hinter deren Masken sich innere, seelische Beschädigungen gut versteckten, begriff ich erst viel später. Heute bin ich froh darum, dass es mir gelang, mich immer wieder loszureißen, ich wusste einfach, ich muss da hoch, ich muss an die Oberfläche, ich

muss sehen dürfen, ich muss atmen können und ich will den anderen dann davon erzählen, was es da oben an der frischen Luft alles zu sehen gibt. Ich musste diesen Weg gehen, ich wollte zum Theater, ich wollte diesen Beruf und niemand würde mir das ausreden können." Jason

Der erste Schauspieler - Stellen wir uns eine Steinzeithöhle im Neandertal vor..., so beginnt eine Geschichte, die der Schauspiellehrer Bernd Röther, als ich noch studierte, für uns erdacht hatte, um uns deutlich zu machen, worum es in dem von uns ersehnten Beruf gehen könnte, ... und um die langsam niederbrennende Glut des Feuers gelagert: Eine steinzeitliche Menschenhorde. Sie ist mit einer respektablen Mahlzeit beschäftigt. Kinnladen reißen Fleischfetzen von geschwärzten Knochen. Ranzig duftende Schönheiten mit lavendelfarbenen Blüten hinter den Ohren und bloßen Brüsten verteilen Früchte. Kinder werfen Tannenzapfen in die letzten Flammen wegen des Wohlgeruches. Die Männer im Gestrüpp ihrer Bärte und Frisuren, vernarbt und fettig, sind vertieft in Fachgespräche über Jagd, Mord und Totschlag. Die sinkende Sonne. Die streichelnde Wärme der Glut. Überwältigung durch Sattheit. Man lagert sich einzeln und in Gruppen. Einer erhebt sich jetzt. Er rückt den Schurz zurecht, schlendert, macht Besuch. Anerkennende Blicke begegnen ihm, muntere Zurufe, der Wenn-wir-dich-nicht-hätten-Griff ans Handgelenk. Denn er hatte als Erster diesen Hirsch gespürt, gewittert und dann seinen Trupp vorwärts gejagt durch Gestrüpp und Dornen, um die Beute einzukreisen. Und schließlich hatte er der schreienden Todesangst des Tieres mit einem Keulenschlag zwischen die Augen ein Ende gemacht, um mit allen einzutauchen in die große Orgie des Fressens. Mit all dem verbindet er sich jetzt als Person. Den selbstverständlichen Jubel bescheiden abwehrend, einen Trunk aus dem Bach, von zarten Händen gereicht, nicht ausschlagend, so läuft er und grunzt leutselig, nun auf einer ganz anderen Jagd, nämlich der nach Unterwerfung und Liebe. Er lümmelt sich schließlich an die Feuerglut und genießt, wie eine der Schönen sein Brust- und Haupthaar krault. Die Sonne ist inzwischen ein dunkelroter Ball geworden. Die Gespräche verstummen. Da setzt sich ein anderer auf. Er kramt in seinen Sachen. Er ist ein wenig Auffälliger. Ein Schmaler. Auch bei der Jagd Zurückhaltender. Er sucht in seiner Habe, sichtet, prüft. Jener Umhang, diese Sandalen, dieser Schurz scheinen ihm wichtig. Er macht Garderobe, er bekleidet sich. Aber eben doch nicht sich, sondern einen anderen, jemanden, den er beobachtet hat, genau kennt. Er verkleidet sich. Doch die Verkleidung ist kein Behelf, sie soll auf ein Original weisen, das jetzt Körper und Stimme bekommt, da auch er nun Besuch macht, muntere Zurufe und Schulterklopfen versucht. Die anderen Mitglieder der Horde rappeln sich auf, stoßen sich an, schauen zu. Sie haben eine Vermutung, die jetzt, da er zwischen ihnen ist, zur Gewissheit werden will. Diese Art zu gehen, zu stehen, zu reden kennen sie und hätten doch geschworen, es gäbe sie nur einmal! Verblüffend für sie diese Geschicklichkeit. Die Treffsicherheit der Nachahmung. Staunend sehen sie: Ein Ebenbild. Aber nicht abgeschaut, gekannt, sondern erkannt, durchschaut. Kein kleinliches Protokoll des Alltags, sondern ihr Hordenchef in seinem ganzen Tun und Lassen. In seiner bösen Kraft und seiner eitlen Gespreiztheit. Und sie verstehen und genießen. Sie genießen die Frechheit des Durchschauens. Genießen, was auf Entlarvung aus ist. Auf Revolte. Und genießen den, der das alles kann. Der ihnen zu einer Art Fest und zu einem fröhlichen Miteinander verhilft. Zu Ausgelassenheit und brüllendem Gelächter. Um ihn zu feiern, tun sie etwas, das sonst nur bei Tänzen zur Jagdvorbereitung üblich ist. Sie schlagen die Hände gegeneinander...

Da steht er und schaut uns über die Jahrtausende hinweg verschmitzt an, der erste Schauspieler. Und wir waren in seiner ersten Vorstellung. Ein Kollege also. Und die Art und Weise, mit der sein Chef die zarten Hände aus seinem Brusthaar entfernt, sich aufsetzt, wieder wach wird und ihn lange mustert, lässt darauf schließen: Die Macht hat von ihm Notiz genommen. Ob es wirklich so war? Natürlich! Und niemand kann das Gegenteil beweisen.

Kunst und Wahrheit - Schon Boris Vian, der französische Schriftsteller, Musiker und Schauspieler gestand uns: „Diese Geschichte ist komplett wahr, weil ich sie von Anfang bis Ende erfunden habe." Wir glauben ihm! Die Kunst ist eine Lüge, um die Wahrheit besser zu zeigen.

„Angefangen hatte alles mit einem Lied. Eine Freundin hatte mir einen YouTube-Link geschickt, Hannes Waders Lied „Schon morgen". Hannes Wader? Keine Ahnung. Hatte ich noch nie gehört, und dann saß ich vor meinem Computer, klickte die Werbung weg, in der mir Jogi Löw irgendein Aftershave verkaufen wollte, und dann ging es los und ich hörte, ich lauschte dieser Stimme, dieser Musik, diesen Worten, ich sah diesen Mann, diesen Künstler und ein Strom von Tränen brach aus mir heraus, ich konnte gar nicht aufhören zu weinen, denn plötzlich wusste ich alles, nein, ich hatte es schon immer gewusst, und das waren die Tränen meiner Scham, dass ich mich so lange davor gefürchtete hatte, ich selbst zu sein. Das war meine Wahrheit. Ich war mir so lange selber sehr fremd gewesen. Sicher sind wir Menschen auch irgendwo Schwarmwesen, aber ich wollte endlich mehr Teilhabe an meinem eigenen Leben haben. Und ich wollte wissen, warum das alles so gekommen ist." Aische

Begreifen, ein Fest - Der Drang, vor anderen Menschen „Faxen“ zu machen, gehört, sofern er nicht von kunstaffinen Elternhäusern „vererbt“ wurde, oder ein anderer glücklicher Zufall ist, nicht unbedingt zu unserer biologischen Grundausstattung und trotzdem sichert er manchmal unser Überleben. Oft sind es in der kindlichen oder pubertären Biografie erlebte Entwertungen, reale Verluste, aber auch tief empfundene Ausgrenzungen, die in den Wunsch nach Flucht und Betäubung führen und/oder in die Bereitschaft, Außergewöhnliches zu investieren, um das Defizit an Stabilität, Aufklärung, Aufmerksamkeit, Anerkennung, Liebe und Zärtlichkeit zu stillen. Auch durch verweigerte Transparenz unbeantwortet gebliebene Fragen oder eine sehr frühe Kenntnis von der Zerbrechlichkeit des Menschen und seinem Angewiesen-Sein auf Solidarität, können sich in eine große Sehnsucht nach Zugehörigkeit zu einer Wahlverwandtschaft verwandeln. Und diese Sehnsucht kann durchaus Formen von Sucht oder Zwanghaftigkeit annehmen, denn um den immer wieder akut empfundenen Mangel wenigstens zeitweilig zu stillen, ist der junge Mensch dann möglicherweise auch über die Maßen bereit, sich benutzen zu lassen oder andere zu benutzen. Und dadurch können dann missbräuchliche Situationen entstehen, die von Hysterie und Brutalität gegen sich selbst und andere bestimmt sind. Aus diesem Strudel von Projektionen herauszufinden, ist auch eine Aufgabe des Schauspielstudiums. Schauspieler benötigen für ihren Beruf einen handwerklichen Werkzeugkasten, eine fortgeschrittene Selbsterkenntnis und die Fähigkeit, sich temporär und professionell ihren Arbeitspartnern zu öffnen. Sie müssen dabei ohne Furcht aus ihrem Glanz und ihrem Elend zu schöpfen wissen. Nur so können sie ihre Hysterie in eine kreative Begeisterung und Intensität verwandeln, und ihre Feigheit oder Brutalität in eine gedankliche Klarheit und so die Fähigkeit zur schonungslosen Wahrnehmung der wirklichen Welt weiterentwickeln. Kommen im Verlauf ihres Lebens noch ausreichend Wissen, Reife und Güte, vielleicht sogar Menschenliebe hinzu, sind alle Voraussetzungen für ein eindringliches und wahrhaftiges Theaterspiel beisammen. Die Ausübung des Berufs kann nun zu einer Möglichkeit werden, der Welt das Erlittene zu vergeben und das dafür Erhaltene zu feiern.

„Mein Vater hat mich verlassen als ich klein war und irgendwie habe ich dadurch so eine wahnsinnige Angst vor Veränderungen bekommen. Wenn im Supermarkt aus der Fleischtheke ein Bäckerstand wurde, saß ich nach dem Einkaufen auf dem Balkon und war todtraurig und dachte, jetzt wird es nie wieder so sein, wie es einmal war. Meine absoluten Themen sind schon Liebe, Schicksal und Mitgefühl. Und dann machen wir im Unterricht diese Schneemann-Übung und ich stehe mit geschlossenen Augen mitten im Raum und höre: Stell dir vor, du bist ein Schneemann und du brauchst nichts zu tun, nur dazustehen, die Sonne scheint, die Kinder laufen um dich herum mit ihren Schlitten und du hörst sie lachen, und du stehst nur so zwischen ihnen rum, du tust nichts, du bist nur da, und du bist genau richtig, zur richtigen Zeit am richtigen Ort, und du wirst von den Kindern, die dich gebaut haben, sehr geliebt und auch der Hase freut sich über dich und wartet schon auf deine Möhrennase. Da heule ich los wie verrückt. Das beschäftigt mich sehr. Ich glaubte bisher immer, etwas dafür tun zu müssen, um geliebt zu werden. Schon wenn ich am Wochenende in meiner WG rumsitze, weil in der Uni nichts los ist, weine ich manchmal, weil ich mit mir nichts anfangen kann, wenn ich keine Aufgabe habe.“ Michelle

Auf dem Markt - In jedem von uns gibt es etwas, das wurde einst nicht beachtet, verdrängt, verleugnet oder gar bestraft, wenn es sich regte. Jetzt will es raus! Menschen, die in ihrer Kindheit oder Jugend nicht ausreichend um ihrer selbst willen geliebt und geachtet wurden, haben schon früh lernen müssen, Handelsbeziehungen einzugehen. So und so und so muss ich sein, um Aufmerksamkeit und Liebe zu erhalten oder wenigstens Wertschätzung zu finden. Das ist eine durchaus häufig anzutreffende Grunderfahrung. In dieser Ware-Interessent-Preis-Disposition befinden sich oft auch Schauspielschüler. Eben waren sie noch minderjährig, jetzt, zu Studienbeginn, sind sie schon mit einem Wikipedia-Künstlereintrag und diversen Agentur-Verträgen ausgestattet und bereits völlig damit einverstanden, sich selbst als eine Ware zu begreifen, deren Qualität sie durch das Studium zu optimieren wünschen, für den Tag, an dem sie endgültig auf den Markt kommen. Eine Aufgabe der Grundausbildung ist es, solchen Studierenden zu helfen, sich von diesem Fatalismus zu befreien, sie um ihrer selbst willen zu fördern und, ja, wenn möglich, auch ein bisschen zu lieben und die Markt-Disposition durch das eingelöste Versprechen vom Miteinander-verbunden-Sein bei gleichzeitiger Erlaubnis zu individuellem Wachstum überflüssig zu machen und ihnen so ihren ursprünglichen Studienansatz als das zu erkennen helfen, was er ist, kunst- und lebensfeindlich. Erst durch die Umwandlung des Waren-Verständnisses von sich selbst, des ehemals rettenden Überlebensmodus, in einen Lebensmodus unabhängigen freien Seins, verbunden mit einer möglichst strukturiert unregulierten Kreativität entsteht die Basis für ein echtes individuelles künstlerisches Schöpfertum. Die Schauspielschule bietet dafür einen Schutzraum, ein Reservat gewissermaßen. Die Studierenden dürfen sich eingebettet fühlen und sollen mit einer uneingeschränkten Erlaubnis zum Wachsen ausgestattet werden, wie in einer Art zweitem Mutterbauch. In ihm können sie so nachreifen, dass sie in ihren zukünftigen Beziehungen keiner emotional konditionierten Märkte mehr bedürfen und sich als souveräne Verhandler ihrer ureigenen Anliegen und Bedürfnisse im Berufsgeschäft bewegen können.

„Wenn ich zurückdenke an das Studium, muss ich immer lächeln und gleichzeitig eine Träne verdrücken. Was für eine spannende und lehrreiche Zeit! Und die hört gar nicht auf, es geht gerade weiter und weiter. Puh. Beim Rumstöbern bin ich auf mein Bewerbungspassbild gestoßen. Wie ich damals aussah! Wie ein Unschuldslamm. Zwei Gedanken aus unserem Grundlagenseminar werde ich nie vergessen: „Und ich begreife den Augenblick / Als meinen Anteil an der Zeit" von Eva Strittmatter und „Die Quelle der Angst liegt in der Zukunft. Nur wer von der Zukunft befreit ist, hat nichts zu befürchten" von Milan Kundera. Diese Sätze sind seither meine ständigen Begleiter, sie behüten mich und ich begreife immer mehr: Alles hängt mit Allem zusammen." Leila

Große Spiele: Theater und Fußball - Die Verwandtschaft von Theater und Fußball liegt auf der Hand. Beide Spiele gelten einerseits als Freizeitbeschäftigungen oder Passion, und haben andererseits ihre höchste Ausformung in professionellem Tun. Ihre Protagonisten sind dafür trainierte Berufsspieler. Ihnen sind Rollen zugewiesen, an die die Zuschauer bestimmte Erwartungen knüpfen. Der Torwart, der Verteidiger, der Stürmer, die Naive, der Held, der Intrigant und so weiter. In beiden Spielen gibt ein Regisseur im Mittelfeld oder vom Regiepult den Takt vor. Beide Spiele finden auf der Basis trainierter Fähigkeiten und eingeübter Verabredungen statt und sind trotzdem nicht frei von Augenblickseinfällen, Intention und Zufall. Sie sind jedes Mal einmalig und nie genau so wiederholbar.
Zuschauer, die sich in Kenntnis der Arbeitsweisen und Spielregeln befinden, haben an beiden Spielen ein wesentlich größeres Vergnügen,

als Zuschauer ohne Sachverstand. Der höchste Genuss bietet sich dem Publikum, wenn es von der körperlichen und gedanklichen Leidenschaftlichkeit der Spieler angesteckt wird, wenn es sich in die intensive Partnerbeziehung unter den Spielern einbezogen fühlt und mit ihnen atmen und verschmelzen kann. Dazu braucht es Emotionen. Deshalb gilt für beide Spiele: Wer nicht alles gibt, gibt nichts. Es geht in erster Linie nicht um den Sieg oder einen bestimmten Ausgang des Theaterstücks, denn wenn die Spieler alles gegeben haben, wenn ihr Einsatz, ihr Mut und ihre Leidenschaft den Abend zu etwas Einzigartigem gemacht haben, sind die Zuschauer auch bereit, ein Unentschieden, ja sogar eine Niederlage oder ein verwirrendes, unbequemes und provozierendes Stückfinale mit anerkennendem Beifall zu belohnen. Nichts langweilt mehr, als ein routiniert abgelieferter Pokalspielsieg gegen einen unterklassigen Gegner oder ein lieblos abgespulter Theaterabend. Es muss um etwas gehen, je höher der Betrag um den es geht, je krasser der Konflikt, um so besser. Gute Spiele erschöpfen die Spieler wie die Zuschauer gleichermaßen. Gute Spiele besitzen Momente, in denen den Zuschauern ein Schauer über den Rücken läuft oder ihnen Tränen in die Augen steigen, weil sie für einen Augenblick einer Offenbarung gewahr wurden. Gute Spiele werden von den Zuschauern nachbereitet, sie bieten ihnen Redestoff. Gute Spiele machen, dass man nach dem Spielschluss Zuschauer dabei beobachten kann, wie sie im nachbereitenden Miteinander-Erzählen das Erlebte nachspielen.

Viele Zuschauer suchen sich in den Ensembles ihre besonderen Helden. Sie wollen dann mehr über die Spieler wissen, werden Fans und sie werden nicht nur wiederkommen, um ein bestimmtes Spielergebnis oder Stück miterleben zu können, sie werden wiederkommen, um diese Spielerin und diesen Spieler erneut bei der professionellen Ausübung ihrer Kunst beobachten zu können.

Bei beiden Spielen entwickeln sich Rituale, die das Besondere an der Spielsituation noch erhöhen, die Schönheit des Spieles noch zusätzlich betonen sollen; die Zuschauer erfinden einen Dress-Code, um ihre Zugehörigkeit zu demonstrieren, sie machen sich kenntlich, zum Beispiel durch ihre Abendgarderobe oder den Vereinsschal. Oft erweisen sie den Spielern, zum Beispiel dem Dirigenten, wenn er an sein Pult tritt, oder dem Torwart, wenn er probeweise an die Latte seines Tores springt, bereits vor dem Spiel durch ihren Applaus ihre Reverenz. Nach einem guten Spiel ist es auch nicht unüblich, dass sich die Spieler selbst von der Bühne herab oder vor der Fankurve mit Applaus bei den Zuschauern für ihre Aufmerksamkeit und ihre Unterstützung bedanken. Sie wissen, dass ihr Spiel ohne die Anwesenheit, den Mitvollzug und die Zuneigung des Publikums ohne Sinn geblieben wäre.
Profi-Fußballklubs und professionelle Theater sind Stätten menschlicher Höchstleistungen, sie stehen deshalb innerhalb ihrer Professionen in Konkurrenz. Sie kämpfen gegen andere Vereine und Bühnen um das Interesse des Publikums, um die herausragendste Performance, den spektakulärsten neuen Gedanken und sie versuchen sich dafür gegenseitig die größten Talente und die besten Protagonisten abzuwerben. Und doch benötigen sie sich gleichzeitig gegenseitig als Spielpartner in ihrer Liga, als Spiegel, als den Anderen, an dem sie sich immer wieder reiben können, um ihre Arbeit zu verbessern und weiterzuentwickeln.
Ob auf dem Platz oder im Theater, das Publikum sucht das große Drama und den magischen Moment. Es wünscht sich die Erschütterung, das erlösende Lachen, den Jubelschrei, etwas, das alles Feste unter sich begräbt und Platz macht für etwas Neues und noch nie Gesehenes. Wenn im Leipziger Zentralstadion in einer Choreo unter den Klängen von Wagners „Ritt der Walküren“ ein Zwanzig-Meter-Banner

mit der Aufschrift „mors certa - hora incerta“ in der Fankurve hochgezogen wird, bekommt jeder Anwesende eine Gänsehaut und bei Schillers Don-Karlos-Versen „Gehn Sie Europens Königen voran. / Ein Federzug von dieser Hand, und neu / erschaffen wird die Erde. Sire, geben Sie / Gedankenfreiheit“, die der verzweifelte Marquise Posa dem absolutistisch herrschenden König Philipp entgegenwirft, dürften in vielen Ländern dieser Erde in dunklen Zuschauerräumen Tränen fließen, falls das Stück überhaupt gespielt werden darf. „Der Tod ist gewiss - die Stunde nicht.“ Theater und Fußball sind mehr als ein Spiel. Jeder, der in Berlins Alter Försterei vor dem Anpfiff jemals mit Nina Hagen die Zeile „Wir werden ewig leben“ mitgesungen hat, weiß wovon die Rede ist.
Theater und Fußballplätze können manchmal sogar zu Orten werden, an denen man der Unsterblichkeit teilhaftig werden kann, denn sie können Legenden erschaffen und einen Geist gründen, der dann Generationen begleitet. Selbst „die Hand Gottes“ wurde im Viertelfinale der Fußball-Weltmeisterschaft 1986 am Arm von Diego Maradona für einen Augenblick sichtbar. Unsere Fußballstadien gleichen nicht zufällig antiken Theaterarenen. Frank Castorfs Volksbühne war das Kolosseum der Neuzeit, Shakespeares Globe Theatre das Estadio Vicente Calderón.

Kluge Könige - Der weise Sieger ehrt den unterlegenen Spielpartner, denn er weiß, der Verlierer hatte den gleichen Anteil an dem spannenden Spiel wie er selbst. Zu einer Niederlage gehört auch das Pech und ein kluger Sieger weiß, dass er auch Glück gehabt hat und dass es durchaus ein nächstes Mal für beide geben kann. Die gefeierte Hauptrolle gibt in der Kantine den Kolleginnen und Kollegen einen aus, denn sie weiß, dass sie in ihrem Spiel auch in Zukunft immer wieder auf die gute Arbeit ihrer Mitspieler angewiesen sein wird.

Schauspielerei bleibt bei allem individuellen Können immer ein Ensembleberuf. Setz dir eine Krone auf und doch bist du noch lange kein König, du wirst es erst, wenn die anderen dich dazu machen, indem sie sich vor dir verneigen.

„Und ich beschloss, dass mich der Beruf, den ich ergreifen würde, reich machen solle. Deshalb wurde ich Schauspielerin.“
Franka

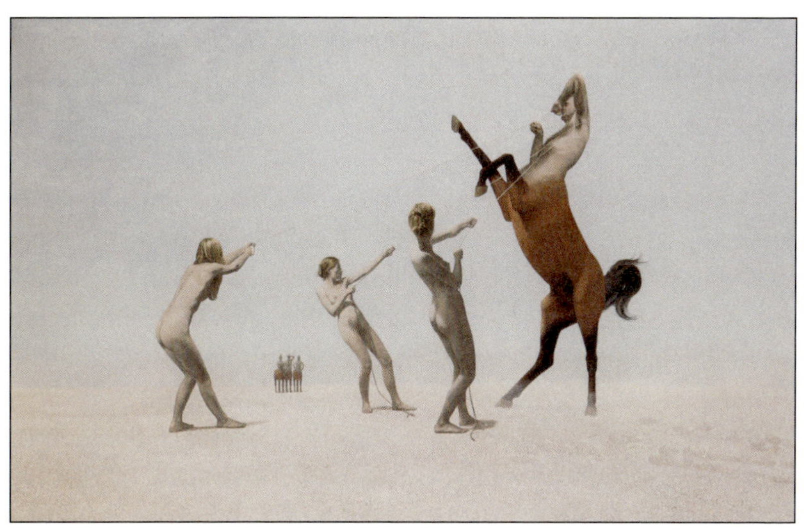

III. ANSTALT UND STARTRAMPE

Anstalten 1784 - Der Dramatiker Heiner Müller schrieb einmal: „Menschen, denen das Träumen verwehrt wird, haben keine andere Heimat als den Wahnsinn.“ Ist es Zufall, dass im Jahr 1784 in Europa die erste klinische Psychiatrie, der Wiener Narrenturm eröffnet und im selben Jahr Friedrich Schillers Rede „Die Schaubühne als moralische Anstalt betrachtet“ von der Kurpfälzischen Deutschen Gesellschaft veröffentlicht wurden? Können diese beiden Ereignisse als frühe Versuche zur Domestizierung dieses „Wahnsinns“ gelten? Da gibt es also etwas in uns, das nur schwer unter Kontrolle zu bringen ist, man nenne es Wahnsinn, baue ihm ein Haus und so wird es zu einer Institution und verwaltbar.

Ein Mutmacher - Christian Morgensterns geflügelte Worte: „Die zur Wahrheit wandern, wandern allein." Aber keineswegs! Schaut euch um, wir sind viele und reiten ohne Pferd.

„Ich war raus aus allem Bestehenden, aller Ordnung, allem Gekannten, aus meiner vermeintlich glücklichen Kindheit, meiner wohlgeformten Mittelstandsfamilie aus dem spießigen M. mit meinen Ärzte-Eltern und meinem Jura-Bruder, aus achtzehn Jahren Wohlfühlen, Jung-und-naiv-Sein, Sorgenfreiheit, Tennis spielen und Gerne-zur-Schule-Gehen, Schülersprecher-und-Sahneprinz-von-Mutti-Sein. Ich war auf der Schauspielschule. Ich war dort, weil ich diese unbestimmte Gier nach Leben im Bauch hatte. Ein Kribbeln, das einen auf und davon laufen lässt und auf die Suche nach allem, nach sich selbst und der Welt schickt." Niko

Tritt ein in den Dom - Junge, dort geht's doch zu wie im Irrenhaus! Das ist doch die organisierte Unvernunft! Dieser schreckliche Übermut! Dieser Lärm! Diese Stille! - Ja, liebste Mama, lieber Vater, das hier ist unser Schauspieltempel, unser Narrenhaus, unsere Klapsmühle, ein Komödiantenstadel eben, ja, und ein Unfugladen auch. Das hier sind die Bretter, die für uns die Welt bedeuten. Sicher, sie sind uns schon mal ein recht deppertes Kaspertheater, ein rechtes Tollhaus, doch immer, immer, Musendom und Hexentanzplatz voller Zärtlichkeit. Und manchmal glühende Gefühlsküche auch. Dann wieder Eisstrom. Und ein Gedankenlaboratorium sind sie, die Bretter, und ja, natürlich auch eine Kontaktbörse. Mama, ich lebe! Mach dir keine Sorgen, es geht mir gut. Ich habe ihn für mich gefunden, jenen verwunschenen Ort an dem Himmel und Hölle aufeinandertreffen, an dem sich Heiligstes und Dunkelstes vereinen, an dem man weder Tod noch Teufel fürchtet und ich bin nicht allein.

Spielen ist Luxus - Der Begriff „Dilettante" - zu deutsch „Kunstliebhaber" - kommt aus dem Italienischen des 18. Jahrhunderts. Ein Dilettant zu sein war Luxus und nur Wohlhabenden möglich. Es galt den adligen Schauspielern in ihren Liebhabertheatern als vornehm, exquisit einer Kunst frönen zu können, ohne sie als Brotberuf ausüben zu müssen. Dieses Dilettant-Sein sagt nichts über die Qualität ihres Theaterspiels aus, es beschreibt die Art und Weise seiner Entstehung: aus Vergnügen und aus Leidenschaft, zum Zeitvertreib. Kunst um ihrer selbst willen auszuüben unterscheidet also die Dilettanten der Salons jener Zeit vom modernen Profi, vom Berufsschauspieler, wie wir ihn heute verstehen und es muss daher über das Vergnügen, an der eigenen künstlerischen Betätigung und der Leidenschaft zum Theater hinaus, noch ganz andere Anliegen geben, die einen auf die Bühne treiben, die heute eine öffentliche ist, und es muss weitere, ganz andere und besondere Fähigkeiten brauchen, um diese Kunst auf ihr erfolgreich ausüben zu können. Das Schauspielstudium ist der Luxus von heute.

„Oh man, das Studium! Die Jahre waren proppenvoll mit Freude, Ärger, Suche, Glück, Beharrlichkeit, Übermut, Tollwut, Hindernissen und ihrer Überwindung, Stille, Sanftmut, Hundemüde-und-keine-Socken, Shakespeare, Freundschaft, Wärme, Liebe, Kritik und Ansporn, Neugier und Sehnsucht, Begreifen und Hass und manchmal bekomme ich kräftig die Augen geflutet von all dem, was in der Erinnerungskiste liegt und bleibt." Maik

Schön, dass du da bist - Begrüßung zum Eignungstest für das Schauspielstudium - Herzlich Willkommen! Wir freuen uns, dass sich jedes Jahr so viele junge Menschen für unseren Beruf und unsere Schule interessieren, jedes Jahr fast tausend Bewerber für unsere achtzehn Studienplätze, und wir sind heute die kleine Kommission, die mit euch auf dieser Bühne den Eignungstest durchführen wird. Er wird wie folgt ablaufen: In einer Reihenfolge, die wir euch gleich mitteilen, werdet ihr eure beiden vorbereiteten Rollen vorspielen. Es ist durchaus möglich, dass wir euch unterbrechen, wenn wir von dieser bestimmten Rolle genug gesehen haben oder euch einen Arbeitsvorschlag unterbreiten wollen. Unser Vorschlag muss nicht unbedingt mit eurer Rolle oder deren Interpretation zu tun haben, es ist aber immer ein Vorschlag, der euch behilflich sein soll, noch andere Facetten von euch zu zeigen. Also seid schön wach und lasst euch offen darauf ein. Wir sind immer darauf aus, in dieser kurzen Zeit, die wir miteinander verbringen werden, so viel als möglich von euch zu sehen, habt also keine Furcht und versucht, in eurem Spiel persönlich zu sein, denn wir wollen euch kennen lernen und ihr sollt uns kennen lernen. Genießt diese Situation! Gleich wird euer Wunsch in Erfüllung gehen und ihr könnt auf dieser Bühne vor den neugierigen und wohlmeinenden Augen eurer Mitbewerber und der Kommission mittels eurer vorbereiteten Rollen von euch und euren Haltungen zur Welt und zum Leben berichten. Tretet dazu in Kontakt mit uns, aber auch untereinander, auch in der Pause, tauscht euch untereinander aus, macht diesen Tag selbst zu einem besonderen. Und denkt daran, noch nie hat eine Schauspielschule Schauspielerinnen oder Schauspieler gemacht oder gar verhindert. Das ist wie in der Liebe - ihr ahnt sicher schon, dass das Theater viel mit Liebe zu tun hat - da kann man eben auch nur sagen: „Da bin ich und ich kann nicht anders." Und dabei darf man sich alles erhoffen, aber nichts erwarten. So geht jeder von uns durch die Welt, bis wir auf jemanden treffen und beide merken, das passt, da fällt mir etwas ein, da bekomme ich eine Fantasie, wie das mit uns weitergehen könnte. Wir wollen uns sozusagen heute ein bisschen in euch verlieben und das gilt in gewisser Weise auch umgekehrt, denn ihr müsst sehen, ob ihr das mögen könntet, wie es hier so läuft bei uns. Im Chinesischen heißt das: „Der Schüler sucht sich seinen Lehrer." Und noch eins, es gibt bestimmt keinen Trick, um an dieser Schule aufgenommen zu werden, und selbst wenn es ihn gäbe, dann müsstet ihr danach vier Jahre lang lügen, damit wir nicht merken, dass ihr nur diesen Trick, den es nicht gibt, gefunden habt und das wird nicht funktionieren, weil Theater machen nicht nur mit Liebe, sondern - sicher wisst ihr auch das schon - ganz viel mit Wahrheit zu tun hat. Nachdem dann alle ihre Rollen vorgespielt haben, tretet ihr in derselben Reihenfolge wieder an und singt uns bitte ein Lied, möglichst deutsch, aber auf jeden Fall ein Lied, das euch etwas bedeutet. Es kommt nicht darauf an, musikalisch perfekt zu sein, es kommt darauf an, dass ihr euch öffnet und dass euer Vortrag uns, das Publikum, alle die hier im Raum sind, erreicht; dass ihr uns einladet, ein bisschen in euch hineinzusehen, dass ihr mit uns kommuniziert; werft dazu alle Bedenken über Bord. Das Theater ist groß und die Wege, die auf die Bühne oder vor die Kamera führen können, sind zahlreich. Auch an dieser Schule kann das Angebot nur eingeschränkt sein. Es entsteht durch uns, die Dozenten und Professoren und ist genauso begrenzt, wie wir es auch sind. Wir können also heute die Frage, falls ihr sie stellen wollt, ob ihr generell für den Beruf geeignet seid, in der Regel nur eingeschränkt beantworten, wir können nur sehen, ob es bei uns eventuell passt. Heute passt. Denn ihr seid jung, ihr werdet euch weiterentwickeln und verändern. Deshalb kann man an unserer Schule auch den Eignungstest zweimal wiederholen. Am Ende des heutigen Tages bieten wir jedem von euch noch ein persönliches Einzelgespräch an, in dem wir euch nicht nur das Ergebnis mitteilen, sondern überhaupt gucken wollen, dass dieser Tag für euch ein gewinnbringender wird, euch Hausaufgaben oder Hinweise geben und eure Fragen beantworten, egal wie die Sache heute formell ausgeht.

Mit eurer Vermutung oder eurer Ahnung, dass es zwischen uns und den Göttern mehr gibt als das, was uns gemeinhin vorgemacht wird, liegt ihr auf jeden Fall schon mal richtig. In diesem Sinne: Schön, dass ihr da seid. Und jetzt schauen wir uns gemeinsam an, was ihr uns mitgebracht habt!

Leipziger Leitbild - Die Leipziger Schule ist aus auf den sozial engagierten Künstler, der auf Wahrhaftigkeit und thematische Durchdringung zielt, den unverwechselbare Menschenschicksale mit erkennbarem Woher und Wohin interessieren, der gesellschaftliches Sein untersucht und der zu menschenwürdiger Veränderung ermutigt. Gesellschaftliche und individuelle Widersprüche stehen als das konstitutionelle Lebensmittel schauspielerischer Arbeit im Zentrum unserer Ausbildung.

Wesentliche Kriterien:
Ausstrahlung, Offenheit, Unverstelltheit, Mut zur persönlichen Entäußerung, Direktheit, Kontaktfähigkeit, generelle Spielfreude
Physische und psychische Fitness, emotionale, gedankliche und körperliche Durchlässigkeit, organische Grundspannung, Impulsivität, Handlungsschnelligkeit, Konzentrationsvermögen, Musikalität
Schauspielerische Fantasie und Vorstellungskraft, Wahrnehmungsvermögen, Einfühlungsvermögen, schauspielerische Intelligenz, Aktualität, Prozessualität, Auseinandersetzungswille, Wertungsbereitschaft

Nur verrückt, geht nicht, und ganz ohne Irrsinn ist langweilig - Natürlich brauchen wir die Verrückten! Die, die ihre Füße noch auf unserem Planeten haben, aber mit dem Herzen schon im Universum hangeln, sind unsere Leute. Das ist kein Widerspruch. Erst so entsteht die nötige Spannkraft!

„Mein Vater ist auch Schauspieler. Ich war deshalb von klein auf immer im Theater. Ständig. Hinter der Bühne, in der Kantine, überall war ich mit dabei und erlebte all das Glück, die Aufregung, das Leid, das Drama. Schauspieler waren für mich besondere Wesen und ich war von ihnen fasziniert und begeistert. Mit zehn Jahren begann ich die Bühnen nachzubauen, in denen mein Vater spielte. Mein Vorhang war aus demselben Stoff wie der echte Vorhang, die Schneiderei hatte mir ein Stück davon gegeben, und mit dem Zweitausendwattscheinwerfer, den mein Vater mitbrachte, setzte ich dann fast die Wohnung in Brand. Meine Eltern haben mich trotzdem immer machen lassen, es gab nur das Jetzt und den Augenblick. Zum Fasching ging ich als Fee im weißen Seidenkleid und mein bester Freund war ein Cowboy. Na und? Ich war immer gesund, die anderen hatten die Kopfschmerzen. Ich nie. Mit sechzehn habe ich mich geoutet. In der Schule hatte ich dann jede Woche eine andere Haarfarbe und dort wurde es dann auch zum ersten Mal richtig schwierig. Ich wehrte mich gegen das Eingeregelt-Werden, ich wollte immer frei sein. Ich wollte selbst entscheiden und machen, was ich will. Also bewarb ich mich an der Schauspielschule." Jockel

Die Eignungsvermutung - Die Ergebnisse der Eignungstests und der Eignungsprüfungen basieren auf der Vermutung, dass eure erkennbaren Anlagen Ausdruck einer unbewussten Kompetenz für den Schauspielerberuf sind. Dazu zählt zum Beispiel der Hunger nach neuen Erkenntnissen und echten Gefühlen. Ohne diesen Hunger auf die Bühne zu gehen, macht keinen Sinn. Anfangs führt euch das Studium dann meist in eine bewusste Inkompetenz, die ihr manchmal auch schmerzlich erfahren werdet. Ihr könntet bemerken, dass ihr nicht aufrecht genug steht, im Passgang geht, zu flach atmet, verlagert sprecht, zu oberflächlich denkt, ohne Handwerk fühlt, oder handwerkelt ohne Gefühl. Das ist erst mal entsetzlich, aber ihr begreift dann Schritt für Schritt, wie alles zusammenhängt, worauf es ankommt, und geht unbeirrbar vorwärts, dahin, wo eure Angst ist. Euer Ziel ist das Erlangen einer bewussten Kompetenz für den Beruf. Nur durch euer sich entwickelndes radikales Interesse an euch selbst und eurer Welt könnt ihr die Vorstellung, euch selbst in der Kunst zu finden, verlassen und damit beginnen, die Kunst in euch zu suchen. Eure heilige Neugier, euer handwerklicher Fleiß und euer unbedingter Wille den nächsten Schritt zu tun, rechtfertigen das Vertrauen der Eignungskommission in die Ausbildbarkeit eurer Anlagen.

Eine heitere Erkenntnis - An allen Schauspielschulen werden ununterbrochen Witze erzählt. Der Genuss, etwas zu durchschauen, ist herrlich. Erkenntnis ist heiter! Anfänger statten ihre Figuren gerne mit sehr viel Leid und Schmerz aus und treten dann in ihrem Spiel auf der Stelle. Sie werden zuständlich. Sie übersehen dabei, dass selbst die schlimmste Erkenntnis, jetzt da sie ausgesprochen wurde, doch die Qual der Ungewissheit beendet und so vielleicht sogar die Möglichkeit von Anderem und Neuem, jedenfalls von Veränderung in sich birgt. Wer sich schon einmal von einem ehemals geliebten Partner getrennt hat, kennt diese Mischung aus Entsetzen und Erlösung, die einen in diesem Augenblick umfängt. Ein Leben ohne Humor ist ohnehin, obwohl schon grundsätzlich möglich, vollkommen sinnlos.
Hier ist so ein Witz: Ein Schauspieler ist gestorben und kommt in den Himmel. Der liebe Gott empfängt ihn und fragt: „Nun, mein Sohn, wo sind deine Wunden?“ Der so Befragte wundert sich: „Was? Wieso? Hä? Ich? Welche Wunden?“ Darauf Gott: „Gab es denn gar nichts auf meiner schönen Erde, für das es sich gelohnt hätte zu kämpfen?“

„Ich will nicht nur Erzähler, sondern auch Betroffener sein.“ Marvin

Zur Erinnerung - Für deine Emotionalität brauchst du einen Adressaten!

„Du kommst an eine Schauspielschule und du weißt, dass du anders bist als viele, oder anders denkst und fühlst. Kommst aus Strukturen, die selten reibungslos waren. Familie, Schule, Umfeld. Du kommst, um dich damit auseinanderzusetzen und diese Situation durch das Theater zu betrachten und dich selber auf eine Art und Weise zu befragen und zu suchen, wie es viele nicht tun, denn dazu gehört ein besonderer Mut und der geht mit viel Angst einher. Uns Studenten den Raum zu geben, angstfrei mit dieser Angst spielen zu können, ohne dabei aus Selbstschutz Eitelkeit darüber legen zu müssen, ist ein Geschenk der Ausbildung. Und da entstehen dann diese Momente, in denen du dich fragst: Wow, wo kommt dieses Gefühl, dieser Gedanke oder jener Impuls denn jetzt bitte gerade her? Und bist etwas schamig und verwirrt, aber es ist fantastisch.“ Kata

Weißes Papier - Schauspielstudenten lieben Musik, meistens natürlich sehr laut und übermütig, um zu tanzen bis der Arzt kommt, aber auch leise und melancholisch, um zu träumen, um zu trauern, um weg zu sein aus allem und irgendwie gibt es immer ein Lied, das für eine bestimmte Zeit so eine Art Hit des Semesters wird. So wie das Lied „Gras“ von Gerhard Gundermann inzwischen so eine Art Dauerhymne der Leipziger Schule geworden ist, weil es so treffend beschreibt, was hier geschieht. Die Band „Element of Crime“ hatte auch einmal solch einen Semesterhit: „Weißes Papier.“ Ein Song über die Unmöglichkeit des Vergessens und die ewigen Folgen von allem, was war, mit der schönen letzten

Zeile: „Ich werde nie mehr so rein und so dumm sein wie weißes Papier.“ Natürlich ist sein Thema die Liebe und er führt uns, gedanklich konsequent verfolgt, zu einer wichtigen Erkenntnis. Niemand, kein Mensch, ist zu irgendeinem Zeitpunkt so rein und so dumm wie weißes Papier. Dieser ideale und geradezu glückselige Zustand, der sprichwörtliche Neuanfang, der angeblich, wenn man es nur bestimmt genug anstrebe, immer wieder möglich sei, ist eine Fata Morgana. Schon der Akt unserer Zeugung determiniert uns, er begrenzt und bestimmt uns. Und die verschmelzenden Gene erzeugen mehr als Geschlecht, Größe und Gestalt, Haut- und Haarfarbe. Unsere Erbanlagen bestimmen vielleicht unsere Neigung zu bestimmten Erkrankungen oder verleihen uns bestimmte Talente. Die Umstände unserer Geburt bestimmen vielleicht durch irgendeinen Zufall unser zukünftiges Wahrnehmungsvermögen oder unsere Handlungsschnelligkeit; und das soziale und ökonomische Umfeld, in das wir hineingeboren werden, vielleicht unsere seelische Stabilität; und die Kultur oder die Unkultur, die wir erfahren, vielleicht unser Empathievermögen; und der Reichtum oder der Mangel, der uns zugedacht wird, vielleicht unser Selbstwertgefühl. Und all das - und vieles mehr - wird unser Sein prägend mitbestimmen, ob wir es wollen oder nicht. Und dann werden wir auch noch in Geschichten und Konflikte hineingeboren, die nicht unsere sind, aber unsere werden wollen: Die Geschichten unserer Eltern und Großeltern, unserer Nationen und Kontinente, religiöse zum Beispiel, politische, abenteuerliche, glückliche und unglückliche. Das steht dann alles auf unserem Blatt, ohne das wir selbst irgendetwas dazu getan haben. Da ist also niemals nicht kein Weiß jemals gewesen. Bevor wir wir sind, sind wir also schon wir, ohne es zu wissen. Und die gewaltige Aufgabe der Pubertät ist es dann, diese Dinge zu begreifen. Das bedeutet nicht nur, sie zur Kenntnis zu nehmen, sondern vor allem, sie als unwiderruflich zu uns gehörend zu akzeptieren. Und das ist eine anspruchsvolle Herausforderung. Welche

Chancen bietet dann das Erwachsenwerden, wenn, wie uns nun klargeworden ist, ein absolut selbstbestimmtes Handeln gar nicht möglich ist? Nun, wir können, je mehr wir uns unseres Selbst bewusstwerden, begreifen, dass wir zwar unser eigenes Blatt Papier nie selbst werden beschreiben können, dass das immer andere tun, aber auch, dass wir doch einen großen Einfluss darauf haben, wem wir gestatten, zukünftig unser Blatt zu beschreiben. Mit wem gehe ich eine private, berufliche oder sonstige Partnerschaft ein, welchem Einfluss setze ich mich aus. Das reicht von der Wahl des Buchs, das ich lese, über den Film, den ich mir „reinziehe", das Essen, das ich „zu mir nehme" bis hin zu dem Beruf den ich mir aussuche. Das reicht bis zur Wahl der Schauspielschule, an der ich mich bewerbe und wenn mein Studium beginnt, ob ich mich traue, mich zu einhundert Prozent darauf einzulassen. Da beginnt meine Selbstverantwortung, mein Erwachsensein.

„Die Schule war ein Gefühl von rosa Wolke, Rausch, klarem Sternenhimmel, Kotzen in der Nacht, Rauchen in der Sonne, verschwitztem Tanzen in der „Tille", Bier in der „Skala", Kribbeln im Bauch, viel Sex, aber alleine aufwachen, stinken, bei Kerzenschein mit vierzig fremden Menschen ein Drei-Gänge-Menü genießen, sich geliebt fühlen, Gemeinschaft, Musik überall, nackt sein, Einsamkeit, Verwirrung, Überforderung, Widerspruch und dies alles immer gleichzeitig. Nach dem ersten Jahr, das mich aus allen dagewesenen Grundfesten gerissen hatte, stand ich vor meiner gesamten Klasse und sagte: „Ich weiß, dass ich nichts kann, das ist der Stand. Aber daher sieht es für die Zukunft sehr, sehr gut aus. Denn es kann ja nur noch aufwärtsgehen." Ich sprach das aus und ich habe dabei gelacht. Und dann lachten alle mit und es ging mir wirklich sauwohl dabei. Das war unfassbar, ich war frei." Feli

THOMAS BRASCH - WARUM SPIELEN

Um diese Frage überflüssig zu machen/ um eine Gegenwelt herzustellen/ um die Träume von Angst und Hoffnung vorzuführen einer Gesellschaft, die traumlos an ihrem Untergang arbeitet/ um die Toten nicht in Ruhe zu lassen/ um die Lebendigen nicht in Ruhe zu lassen/ um Wurzeln zu schlagen/ um Wurzeln auszureißen/ um Geld zu verdienen/ um ein Lebenszeichen zu geben/ um einen Tod anzuzeigen/ um eine Erfindung zu machen/ um nicht arbeiten gehen zu müssen/ um Arbeit zu haben/ um den tiefen Schlaf einer erschöpften Gesellschaft mit Fratzen zu erschrecken/ um nicht einzuschlafen/ um nicht aufzuwachen/ um das Vergessen zu töten/ um nicht allein zu sein/ um eine Zeremonie aufzuführen in einer Zeit ohne Zeremonien/ um keine Verantwortung zu haben/ um allein zu sein/ um auszulöschen, was ICH genannt wird/ um zusehen zu können/ um dem Pathos solcher Antworten zu entgehen/ um die Rollen zu wechseln/ um Lügen zu verbreiten/ um vom Blick einer erfüllten Liebe gestreift zu werden und vom Blick der Wut/ um den Kapitän wieder einmal endgültig an den Mastbaum zu nageln/ um einer Frau unter einem Vorwand und ohne Folgen in die Wäsche greifen zu können/ um herauszufinden, wer das Kind erschossen hat, das schrie: Der Kaiser ist nackt/ um zu schrein: Der Kaiser ist ja nackt/ um nicht reden zu müssen/ um nicht schweigen zu dürfen/ um die Regeln der Schwerkraft außer Kraft zu setzen/ um aus der Welt ein Theater zu machen aus Stein, Holz und Gittern/ um drinnen und draußen zu sein zu gleicher Zeit/ um einen Umweg zu finden/ um Täter und Opfer zu sein zu gleicher Zeit/ um Mann und Frau zu sein zu gleicher Zeit/ um in diesem endlosen Vorkrieg nicht zu ersticken/ um über einen Sterbenden lachen zu können/

um die Geister zu bannen, vor den Türen und unter dem Tisch: Hilfe, ich lebe/ um diese krachende Stille nicht aushalten zu müssen/ um herauszufinden, wie lange einer ausgehalten wird von Leuten, die sich genausowenig für ihn interessieren wie für sich selbst/ um nicht angestellt zu sein/ um vergessen zu werden/ um die Frage überflüssig zu machen: Warum spielen/ Um zu spielen/

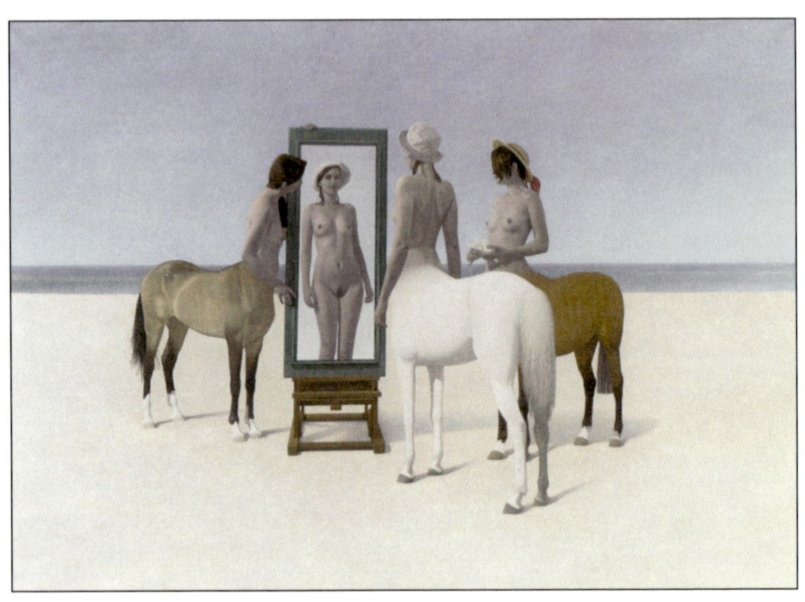

IV. GLAUBE AN DAS WUNDER DEINER EXISTENZ

„Die erste Stunde war unglaublich, irgendwann lagen wir mit geschlossenen Augen auf dem Boden und sollten uns an unseren Weg an diese Schule erinnern. Ich weiß nicht, aber meiner war lang, er dauerte nun schon fast drei Jahre, da waren so viele Vorsprechen und so viele Menschen, soviel Hoffnung und so viel Enttäuschung und ich merkte plötzlich, wie müde

ich eigentlich war. Und dann sollten wir versuchen, uns an alle zu erinnern, die mit uns vorgesprochen hatten und die mit uns in der Zulassungsrunde waren, aber es nicht geschafft hatten und wir sollten uns in unseren Gedanken nochmal von ihnen verabschieden und ihnen für den Vorsprechmarathon im nächsten Jahr viel Glück wünschen, und plötzlich bekam ich eine Kraft, einen Stolz auf mich, das war der Hammer, jetzt war ich erst wirklich hier, ich ließ alles Vergangene los und wusste, das hier, das würde ich jetzt nie mehr hergeben, nie mehr." Hagen

Gehen muss man, gehen, gehen - Bewegung, wozu auch das Wachstum gehört, ist das verlässlichste Zeichen von Leben. Du hast dich bewegt und bist an unsere Schauspielschule gekommen. Du studierst freiwillig, du musst es nicht tun und niemand erwartet es von dir. Du bist auch kein Objekt meiner Erwartungen und wie du, ja, ganz konkret du, Schauspielerin oder Schauspieler werden wirst, weiß ich noch nicht. Ich weiß nur, wie ich es selbst geworden bin und ich habe hunderte andere junge Menschen dabei begleitet, davon kann ich dir berichten. Es ist besser, wenn du dich als Subjekt verstehst, das selbst handeln und ausprobieren, etwas leisten darf. Vergiss alles, was du über Schulen zu wissen glaubst. Wir beide, wir machen es so: Du gehst einfach los und ich verspreche dir, ich gehe hinter dir her, ich werde immer da sein und dich begleiten und wenn du an einer Stelle, an der der Weg sich gabelt, nicht weiter weißt, kannst du dich umdrehen und mich fragen und ich erzähle dir vielleicht eine Geschichte oder ich biete dir einen Gedanken an, den du noch nicht kennst, dann entscheidest du und wir gehen weiter. Und wenn es eine Sackgasse sein sollte, kehren wir gemeinsam wieder um und du versuchst den anderen Weg und ich werde wieder hinter dir sein. Diese aufregende Erfahrung der Selbstwirksamkeit, die auch immer an das Entstehen von Selbstwert gekoppelt ist, lässt uns unsere

Wanderung nicht lang werden. Umwege gibt es nicht, auch in Sackgassen kann man etwas lernen. Ich habe genügend Geschichten dabei. Der Proviant reicht für uns beide und ist unser Tabak alle, rauchen wir unterwegs alte Vogelnester.

„Was mich bewegte, ich kann mich noch genau erinnern, war die Hoffnung auf mein Mensch-Werden. Dass es immer weitergehen würde und dass es da einen Fluss gibt, eine Zukunft. Da war meine Freude am Unbekannten und an der Erkenntnis. Dass ich jetzt an mir arbeiten können würde. Weil sich ja doch nichts von allein in Wohlgefallen auflöst." Annalena

Alles neu - Das Grundlagenseminar. Deine ersten Schritte. Und da ist sie möglicherweise schon wieder, die alte Angst vor der Aufdeckung der eigenen Begrenztheit. Was für eine Panik das auslösen kann! Doch Tag für Tag wird deine Furcht mehr und mehr von der Freude darüber abgelöst, dass da im Unterricht immer jemand da ist, der dich wahrnimmt und annimmt, und du beginnst wieder zu glauben: Ich werde nie wieder verlassen, übersehen, vernachlässigt oder ausgeschlossen. Die Verbindlichkeit, die durch deine Geburt zwischen dir und dem Leben begründet wurde, wird wiederhergestellt. Der Glaube an das Wunder deiner eigenen Existenz wird nochmal neu entzündet und du beginnst nochmal von vorn. Du beginnst wieder zu spielen und erfährst dich dabei neu. Das ist ein sehr ernsthafter Prozess. Alles Schöne ist ernsthaft und Ernsthaftigkeit ist die Grundlage für Genuss.

„Ich, als trainierter Mitteleuropäer, lernte und erlebte, dass man mit logischem Denken und guten Sitten in diesem Studium nicht sehr weit kommt. Etwas Anderes, Verborgenes und doch in meinem inneren Brodelndes, etwas, das wartete, befreit zu werden,

war gefragt. Ich ersehnte eine erneute Anbindung an das, was ich doch schon mal gelebt haben muss, an das Kindliche in mir, diese Krone der Schöpfung, an das naive Staunen, an den Spieltrieb und die Besinnung auf das Ursprüngliche. Ich erteilte mir sozusagen die Erlaubnis zur sinnlichen Wiederentdeckung der Welt und für das bewusste Zur-Verfügung-Stellen meines Körpers und meiner Seele für diesen Prozess. Ich wandte mich wieder um und ging aus dem eng bemessenen Land des Angelernten wieder nach Hause, in das Reich des Erfahrungen-Machen. Da war kein Markt mehr und keine Arena, da war vor allem die Chance auf Freundschaft mit mir selbst und den Anderen."
Bruno

Professionelle Freundschaft - Notiere: Ich habe die Aufgabe, mit meinen Arbeitspartnern für die Zeit der Proben und des gemeinsamen Spiels eine professionelle Freundschaft einzugehen. Ich muss mich in die Lage versetzen, mich immer wieder und in jeder Konstellation in meinem Mensch-Sein zu öffnen. Persönlich zu sein. Nur dann stehen mir alle - auch die unbewussten - Farben meiner Palette zur Verfügung. Das ist eine Herausforderung, das ist anstrengend und hat einen durchaus einen athletischen Charakter.

„Ich wollte unbedingt aus diesem Alleinsein herauskommen und in die Auseinandersetzung gehen und in den Kontakt kommen. Ich wollte endlich handeln und hingehen ins Ungewisse und alles zulassen. Aber wenn es nicht gleich klappte, fühlte ich mich immer sehr schnell ausgeschlossen und war dann gelähmt und gekränkt. Das kannte ich schon von früher und so etwas wird man nicht so schnell wieder los. Und da wurde dann gesagt: Komm, das macht nichts. Fang wieder von vorne an, scheitere

freudvoll, lerne weiter und beginne einfach wieder von neuem. Was für ein Horror, ich konnte doch nicht scheitern, das ging einfach nicht. Und immer wieder von vorn anfangen, das hatte ich mir noch nie erlaubt. Was bleibt denn da? Baut nicht eins auf dem anderen auf? Gibt es denn da gar keinen Plan, an den man sich halten kann? Bleibt da wirklich nur der Augenblick? Keine Gewissheiten? Keine Sonderkonditionen? Schon dieses ständige Neubeginnen und Abschiednehmen hat mich am Anfang ziemlich geängstigt." Michi

Hallo und Adieu - Dieser Beruf wird es mit sich bringen, dass du mit unglaublich vielen Menschen in einen intensiven persönlichen Kontakt trittst. Das muss professionell geschehen, denn eure gemeinsame Zeit ist begrenzt. Irgendwann sind die Proben zu Ende, das Stück ist abgespielt und dein nächstes Engagement führt dich in eine neue Stadt. Du kannst nicht jede Julia heiraten und dich nicht in jeden Romeo verlieben, und doch war euer Zusammensein einzigartig, wart ihr hoffentlich Spiel-Partner im besten Sinne.

„Und so stürzte ich mich in das Ungewisse, in die Überforderung, in den Schmerz. Leben lernen, Menschen wirklich lieben lernen, Gefühle haben, Angst spüren, Scham zugeben, Peinlichkeit aushalten, Ekstase und Depression, ein ständiges Auf und Ab. Dieses ständige Mit-sich-Auseinandersetzen! Immer wieder meine Ansichten zu ändern, spielend immer wieder alles in Frage stellen und auf Stabilität zu pfeifen, war eine einzige Extremsituation. Ich musste mit einer Kommilitonin auf der Bühne spielen, sie war die erste Frau in meinem Leben, in die ich mich wirklich verliebt hatte, und sie wollte einen natürlich nicht. Ich hatte ja gerade erst begriffen, was Gefühle eigentlich sind, ich

war so offen, ich hätte die ganze Welt umarmen wollen, aber schon der erste Mensch sagte „Nein“ und da war ich dann komplett blockiert und kurz vorm Durchdrehen. Das waren meine ersten Jahre: Zerrissenheit, zerrissen werden, zerreißen lassen und selber zerreißen.“ Hotte

Die Gruppe - Schauspielunterricht ist am Anfang immer Gruppenunterricht. Eine solidarische Gruppe kann dich durch deine Krisen am besten begleiten. Stellen wir uns ein Klavier vor. Jeder von euch kann schon ein paar Töne, wir brauchen aber jetzt alle, um darauf wirklich spielen zu können. Ihr seid also wie ein Orchester und die Gruppe wurde möglichst so zusammengestellt, dass in summa schon alle Töne ein bisschen da sind, nur hat jeder andere. In eurer Arbeit geht es jetzt um Erweiterung durch Austausch. Ihr sollt das, was ihr könnt, einbringen und euch durch Beobachtung, durch Mit- und Nachvollzug und der daraus erwachsenden Erkenntnis auch das Wissen der Anderen zu eigen machen. Das geht nur ganzheitlich, mit allem was ihr seid, Kopf, Herz und Körper, denn ihr selbst seid euer Instrument und es hat keinen Sinn, ohne Instrument zu einer Orchesterprobe zu kommen, bloße Anwesenheit genügt nicht. Diese Prozesse brauchen manchmal viel Zeit, auch ein Marathonlauf beginnt mit dem ersten Schritt. Wirklich da zu sein ist in unserer Image-Welt schon eine Revolution.

„Beim Spielen bin ich total glücklich. Aber die Einsamkeit beginnt mich schon zu quälen, wenn ich die Bühne verlasse. Gestern habe ich in der WG meine Zimmertür zum ersten Mal nicht abgeschlossen und die ersten Minuten danach waren der Wahnsinn. Ich dachte ich muss platzen.“ Inka

Die Sehnsucht, erkannt zu werden - Fantasiereise (1). Das ist eine Übung, in der die Studierenden vor der Gruppe ad hoc eine Figur erfinden und ihre Geschichte erzählen sollen. Es gibt keine Bedenkzeit und man muss sofort anfangen zu sprechen. Es geht darum, die eigene Fantasie fließen zu lassen. Verschiedene, willkürlich ausgewählte Gegenstände, die vor ihnen liegen, sollen ihnen dabei helfen.

Boris erzählt von Konstantin: Konstantin war der Schüler eines alten Zauberers. In seiner Kindheit hatte Konstantin sogar den Traum, Merlin zu übertrumpfen, doch jetzt war er traurig, denn obwohl er sich sehr viel Mühe gegeben hatte und sehr fleißig war, er wollte vom König an das Königsschloss berufen werden, wurde er nirgends ernst genommen, denn er hatte keinen Bart. Er wurde sogar so traurig, dass das Leben keinen Sinn mehr für ihn zu haben schien. Eines Nachts träumte er davon, dass er selbst König sein und nicht mehr um einen Zauberer-Job am Königshaus betteln würde. Als er erwachte, zauberte er sich ein Schloss und eine Krone. Nach einer Weile fühlte er sich trotzdem wieder sehr einsam und er sagte: „Dann gehe ich eben unter die Menschen. Dann muss ich wohl damit vorliebnehmen." Er traf unterwegs einen Taschenspieler, das war der einzige Mensch, mit dem er sich unterhalten konnte, und weil der Taschenspieler gerade sehr mutlos war, zauberte er ihm etwas Mut herbei. Konstantin überlegte sich dann, dass er noch ein letztes Mal zum richtigen König auf das Schloss gehen könnte und, weil Könige immer Geld brauchen, zauberte er sich auch einen Sack voll Geld, den er dem König für eine Beraterstelle am Hof anbieten wollte. Als er im Schloss ankam, war der Thron leer. Er fragte den Leibwächter des Königs: „Wo ist der König?" Aber er erhielt keine Antwort. Konstantin beschloss zu warten, und er wartete. Er wartete sehr, sehr lange, aber der König kam nicht. Schließlich setzte sich Konstantin selbst auf den Thron. Da vernahm er eilige Schritte und geriet in Panik, doch es war nur

der Taschenspieler, der angerannt kam. Und als der Taschenspieler den Thron erreicht hatte, kniete er vor Konstantin nieder und rief: „Entschuldige, oh, mein König, ich habe dich nicht erkannt, aber wie hätte ich dich denn auch erkennen können? Niemand hat dich bisher erkannt." Und Konstantin rollte eine Träne herab und er war so froh wie noch nie.
Die Studierenden sind immer wieder überrascht, was alles in ihnen steckt, wie viele Geschichten in ihnen verborgen sind und welchen Offenbarungswert sie besitzen. Die Geschichte von Konstantin ist eine typische für Schauspielstudenten, sie berichtet vom Leiden an Zurückweisung, Unverstanden-Sein und dem dadurch entstehenden Nicht-wissen-wer-man-Ist, dem Nicht-wirklich-leben-Können mit seiner Einsamkeit und seiner großen Sehnsucht, und dem Glück, das sich nach dem In-Beziehung-Treten, dem Erkannt-Werden und dem Angenommen-Sein einstellt. Für Boris fühlte sich als Konstantin dieses Ich-habe-meinen-Platz-im-Leben-Gefunden nicht von ungefähr wie eine Thronbesteigung an.

Hand in Hand - Im Grundlagenseminar stehen oder sitzen wir anfangs oft im Kreis. Jeder hat einen Platz und dieser Platz steht jedem zu. Niemand muss darum kämpfen gesehen zu werden. Unsere Gesichter sind einander zugewandt. So werden viele auch sehr körperintensive Gruppenspiele gespielt. Wir lernen: In jeder Sekunde sind der Ball und der Fokus woanders. Keine Sekunde ist jemals mit einer anderen identisch. Wir trainieren: Lebendigkeit, Offenheit, Naivität, Hingabe an die Partner, Aufmerksamkeit für eigene und andere Intentionen, unbekannte Wissens-, Erlebnis- und Gefühlspotentiale. Spielen heißt Bewegung. Je höher die Konzentration, desto höher ist unser Tempo, je höher das Tempo, umso höher die Konzentration. Wir verändern unsere Partner und sind bereit, uns von ihnen verändern zu lassen. Wir senden und empfangen. Sich trauen und vertrauen gehen Hand in Hand.

„Zuerst war ich skeptisch, na klar, und grundsätzlich muss ich sagen, dass ich nie ein Freund von Erwärmungen und dergleichen war. An Stelle mich heiß zu machen, dachte ich oft nur daran, wie sehr ich mich gerade zum Affen machte. Lautes Herumschreien und irgendwelche „Ich-bin-ein-Pferd-und-springe-über-einen-Doppelbock-Spiele" verursachten in mir Schamgefühle. Und Schamgefühle kommen immer von Anderen. Irgendetwas, vermutlich meine Erziehung und die gesellschaftlichen Normen, mit denen ich aufgewachsen war, blockierten mich immer wieder loszulassen und das ärgerte mich extrem. Und dann dachte ich mir: Herrgott, was bist du nur für ein Spießer! Genieß doch mal den Moment! Ja toll, aber wie verdammt nochmal soll ich das anstellen? Und warum denke ich ständig darüber nach, wie ich wirke? Was war das damals für ein Chaos in meinem Kopf." Victor

Aufräumen macht Struktur - Das individuelle Chaos, aus dem die meisten Anfänger starten, zu erfassen, zu sortieren und entsprechend geeignete Aufgaben für sie zu entwickeln, ist die erste und für lange Zeit wesentlichste Aufgabe der Zusammenarbeit zwischen den Lehrenden und den Studierenden. Durch diese Organisationsarbeit entsteht auf der Basis des allgemeingültigen Curriculums für jeden Studierenden ein zusätzliches individuelles Lernprogramm, aus dem sich dann später seine persönliche Methode entwickeln wird, wenn er herausgefunden hat, wie er funktioniert, wie er sich bedienen muss und, vor allem, was er will. Das ist für beide Seiten aufwendig und anstrengend, denn da muss man sich nach innen wagen, ans

Eingemachte gehen und die unsichtbare Abmachung treffen, dass man sich öffnet und zum Spielen quasi auf eine Kinderebene miteinander begibt. Deswegen wird in den Proben auch so viel gelacht und herumgealbert und manchmal auch geweint. Wenn sich ein Studierender dagegen wehrt, also blockiert, und diese Versuchung ist verständlich, denn jede Öffnung, jede Veränderung ist immer auch mit Unsicherheit behaftet, wird es schwerlich zu dem kreativen Kontakt kommen, auf den die Lehrenden angewiesen sind und für den Studierenden wird nicht die Entwicklung stattfinden können, die er sich erhofft hatte. „Die erste Gestalt der Hoffnung ist die Furcht, die erste Erscheinung des Neuen der Schrecken", formulierte Heiner Müller. Das Credo in diesem Arbeitsprozess wird also heißen: Lösen, lösen, lösen. Der eine hat sich angewöhnt, einen kleinen Buckel zu machen, vielleicht ist er zu schnell gewachsen, wollte aber nicht größer sein als seine Mitschüler; die andere zieht immer wieder ohne es zu bemerken das Brustbein ein, vielleicht weil sie sich einmal ihres Busens schämte; jener bringt aus seiner Heimat eine dialektal verlagerte Stimme mit, aber wie hätte er an der Ostsee oder in Bayern auch anders sprechen können, ohne aufzufallen; und jener singt, ohne wahrzunehmen, dass das eher ein Verlust ist, statt ein Gewinn, mit einer Stimme, die nicht seine ist, sondern nachgemacht, weil er als Tom-Waits-Double bei heimischen Familienfesten doch immer so viel Erfolg damit hatte; und, ja, auch anerzogene oder einfach übernommene Denk- und Gefühlshemmungen sind nicht selten. Nicht umsonst werden im Bewegungsunterricht so viele Dehnübungen gemacht. Es geht für jeden Studierenden das ganze Studium lang um die Erhöhung der Beweglichkeit. Jeder gewonnene Zentimeter Bewegungsspielraum bedeutet einen Zuwachs an Kompetenz und somit an Spielmöglichkeiten. Und nicht nur die Verspannungen im Körper zu bekämpfen ist erforderlich. Nein, Lösen bedeutet immer auch ein Ab-Lösen von alten Masken und das in jeder Hinsicht: Körperlich, stimmlich, gedanklich. Erst der Überblick über die individuelle Situation ermöglicht Ordnung und Struktur. Und erst diese ermöglichen dem Studierenden die bewusste Ausbildung von Fähigkeiten, die er dann auf der Bühne beim Spielen bewusst abrufen kann. Es geht also darum, aus dem Chaos in die Selbstwahrnehmung zu kommen und von dort in die Konkretheit, um daraus jene Bewusstheit und Konzentrationsfähigkeit zu entwickeln, ohne die künstlerische Arbeit undenkbar ist. Der rasche Zugewinn an innerer und äußerer Schönheit und an persönlicher Ausstrahlung ist nur eine erste Belohnung für diese Arbeit, Schauspielstudierende werden von Studierenden anderer Studienrichtungen auf den Fluren unserer Hochschule schnell erkannt.

„Ich fand das Bild, das ich von mir hatte, so cool und ich habe mich da nur mühselig rausgeschält. Ich kam aus einer Plüschwelt, ich lebte in einer geborgten Freiheit und ich war eine richtig arrogante Sau, die gerne austeilte. Das zu begreifen hat mir geholfen, genauer hinzusehen und da fand ich diesen Stein und als ich ihn beiseite gewuchtet hatte, saß er da, der kleine Levi.“
Levi

Ein Rucksack voller Schätze - Wir sitzen im Kreis und überlegen, welche Konflikte eigentlich in den Stücken, die wir aus dem Theater kennen, eine Rolle spielen. Und stellen fest: Alle. Wir finden über die Jahrtausende in der dramatischen Literatur soziale Konflikte, kulturelle Konflikte, politische Konflikte, religiöse Konflikte, ökonomische Konflikte, moralisch-ethische Konflikte, den ewig währenden Konflikt zwischen Pflicht und Neigung, Generationskonflikte, Konflikte der Geschlechter, sexuelle Konflikte, Liebeskonflikte und vieles mehr. Und dann sind wir beeindruckt und haben das Gefühl, das ist alles irgendwie zu viel, und eigentlich haben wir keine Ahnung, gut, über die Liebe, da können wir schon mitreden, na klar, aber auch nur ein bisschen. Und da müssen wir uns bewusst werden, dass hier gerade acht Studierende im Raum sind und dazu noch ein Dozent, und wenn man grob rechnet, sitzen hier gerade zweihundertfünfzig Jahre Lebenserfahrung! Das ist eine ungeheure Erkenntnis. Ein zweihundertfünfzig Jahre alter Mensch dürfte doch eine Menge wissen und eine Menge Erfahrungskompetenz haben, man muss sie nur ausgraben. Unser gemeinsames Wissen ist also enorm und jetzt müssen wir unsere Erfahrungen nur ans Licht bringen und zusammenführen. Und da die meisten von uns ihre Eltern und Großeltern noch persönlich befragen könnten oder schon befragt haben, können da noch mal leicht weitere zweitausend Jahre Lebenserfahrung und Lebensgeschichte dazukommen. Und wenn das getan ist, sitzen wir neun Menschen hier auf der Probebühne mit zweitausendzweihundertfünfzig Jahren Leben im Gepäck und vieles, was man bisher nur irgendwie wusste oder vage ahnte, hat nun auch Worte und Bilder bekommen. Wir stellen fest, dass die Gruppe einen direkten, persönlichen und konkreten Kontakt zu allem hat, was in Theaterstücken eine Rolle spielt: Glückliche und tragische Liebe, Begierde und Neid, Zuneigung und Hass, Armut und Reichtum, Sieg und Niederlage, Treue und Verrat, Mord und Selbstmord, Besitz und Verlust, Freundschaft und Feindschaft, Verdrängung, Wahrheitsliebe, Feigheit, Angst und Unwissenheit, Sucht und Not, Abhängigkeit, Eifersucht, Schuld und Unschuld, Opfermut und Übermut, Pech und Glück, Trauer und Freude. Und das alles gehört jetzt uns.

„Es war völlig verrückt, diese Aufgabe, so in die Geschichte der eigenen Familie einzusteigen. Das hat dann bei mir an Weihnachten zu Hause vieles durcheinandergebracht. Die meisten

wollten erst nicht reden oder nur allgemeines Zeug, es sei schließlich Weihnachten, das Fest der Liebe und dann ist mein Opa mit mir unters Dach gegangen und hat mir zwei alte Hefte gegeben. Dass er sein Leben aufgeschrieben hatte, wusste ich nicht. Seine Schrift war schwer zu entziffern und dann hatte ich beim Lesen immer mehr das Gefühl, dass ich das alles selbst sein könnte oder doch schon immer irgendwie wusste, oder dass das alles schon immer in mir steckte, obwohl ich ja keine Ahnung hatte, ich war ja nie im Krieg. Ich war mit fünfzehn heimlich auf irgendwelchen Rockfestivals und habe mich dort meistens möglichst schnell besoffen. Als kleineres Kind war ich viel mit meinem Opa zusammen gewesen, er hat oft, besonders in den Ferien auf mich aufpassen müssen und ich habe ihn dabei wohl viel beobachtet und heute denke ich, er hat mir das damals alles schon erzählt, ohne Worte, nur dass er so war, wie er war. So mechanisch, schon gut irgendwie, sehr bemüht, aber ohne richtige Gefühle. Emotionen spielten zwischen all den Ritualen in meiner Familie eigentlich nie irgendeine Rolle. Ich habe mal was gelesen über die Theorie der Memetik. Memory-Genetik, das sind vererbte Erinnerungen. Das kann man heute noch nicht nachweisen, aber vor hundert Jahren hätte auch noch keiner sagen können: „He, du hast gestern diese Tasse angefasst." Weil man das mit den Fingerabdrücken noch nicht kannte. Und heute können sie jedem Mann schon ohne Probleme nachweisen, dass er vor neun Monaten mit dieser Frau geschlafen hat und der Vater ihres Kindes ist. Wenn du dir vorstellst, du subtrahierst alles aus deinem Kopf, was jemals reingefüllt wurde, wäre er total leer. Man könnte vielleicht nicht mal sprechen. Nicht mal die Hülle von deinem Kopf würde ohne Vergangenheit existieren. Da ist also so ein uraltes Gewicht und es verleiht dir auf eine

seltsam schöne Art Bodenhaftung und gleichzeitig hindert es dich am Fliegen. " Alice

Der Traum vom Fliegen - Man kann nicht Nicht-Wechselwirken. Wechselwirkungen bestimmen die Dynamik alles Lebendigen. Der Mensch ist auf eine gesellschaftliche Lebensweise hin angelegt und von Geburt an auf das Zusammenleben mit anderen und soziale Beziehungen angewiesen. Jede dauerhafte Isolation würde einen Existenzverfall nach sich ziehen. Werden dir also deine Beziehungswünsche verweigert oder werden sie nicht ausreichend gestillt, beginnst du sie dir zu erträumen. Kara Ben Nemsi und sein Diener Hadschi Halef Omar begannen durch die Sahara Tunesiens zu reiten, als ihr genialer Erfinder, der Schriftsteller und Hochstapler Karl May, in Sachsen im Zuchthaus saß.

Traum und Realität - Es steht auf der Kippe, wer kennt den Ausspruch nicht. Damit ich nicht in den Abgrund meiner Verunsicherung falle, entwickle ich einen Traum, den Traum von der Bühne, dem Schauspielerberuf, dem großen Erfolg, der großen Beachtung. Ich bin da! Seht mich an! Ich muss nun dieser Vorstellung Gewicht verleihen, damit sie mich über dem Abgrund hält. Je tiefer mein Abgrund, umso mehr Gewicht braucht mein Traum, je größer meine Selbstentfremdung, umso weiter muss mein Traum von mir entfernt sein, um mir zu meinem fragilen Gleichgewicht zu verhelfen. Stürze ich nun auf meinen Traum zu, versuche ich, die Distanz mit Gewalt zu überwinden, kippt die Wippe, stürze ich mit ihm ab, reißt er mich mit sich in die Tiefe. Ich muss meinen Traum studieren und wir, mein Traum und ich, wir müssen uns gemeinsam aufeinander zu in das Zentrum bewegen, behutsam, um das Gleichgewicht nicht zu verlieren. Wir werden uns beide dabei verändern, das braucht viel Zeit. Die Wirklichkeit entlarvt den Traum als einen Traum und ein Drehtag beginnt mit dem Weckerklingeln nachts um drei und einer langen Zugfahrt. Was mich erwartet ist immer Arbeit. Und zu allererst, um mit dem weltberühmten Regisseur und Schauspieltheoretiker Konstantin Stanislawski zu sprechen: „Die lebenslange Arbeit des Schauspielers an sich selbst."

„Mein erster großer Schock an der Schule war, dass man hier nichts richtigmachen kann, also nicht so, wie ich das verstand, mit Note Eins und so. Und das alles Handwerk ist, auch die ganzheitliche Arbeit im Schauspielunterricht. Ich hatte mich vorher immer angepasst und war wie unsichtbar, aber in mir tobten die Gefühle und die Gedanken wie verrückt und ich baute mir dann eine Rüstung, um das alles halbwegs zu kontrollieren. Auch im zweiten Jahr, wenn ich über den Flur der Hochschule lief, hörte ich ihre Reste manchmal noch ein bisschen klappern, aber da konnte ich schon darüber lachen." Irene

Geduld braucht's - Ein Zen-Schüler fragt seinen Meister: „Oh Meister, wann werde ich sein wie du?" Darauf antwortet dieser ihm: „Vielleicht in fünf Jahren." „Und wenn ich mich ganz ungeheuer anstrenge?", fragt darauf der Schüler. „Dann, vielleicht, in zehn Jahren", antwortet sein bekümmerter Lehrer. Erzwingen lässt sich nichts. Das Gras wächst nicht schneller, wenn man daran zieht. Es ist ein unsinniger Mythos von Schauspielschulen oder auch dem Beruf selbst, dass Schauspieler nicht selbstbestimmt sein könnten. Es geht eher darum, immer in Bereitschaft zu sein. Ist der Schüler bereit, tritt der Lehrer auf den Plan. Ist der Künstler bereit, findet ihn seine nächste Idee.

Kleiner Trick - Das klappt immer: Geh an einen stilleren Ort, mach es dir bequem und schließe deine Augen. Und nun löse. Lausche. Lächle.

Ins Handeln kommen - Fantasiereise (2). Sina erzählt von Ewa: Ewa lebt in einem Dorf mit einer Kirche und töpfert Töpfchen. Sie möchte aber so gern etwas Großes machen, sie möchte Bildhauerin werden, am besten mit einem ganz großen Stein. Aber sie hat keinen großen Stein und außerdem viele Zweifel, denn sie müsste dazu ihren Laden verlassen. Sie blickt auf die Kirche, aber da will sie jetzt nicht rein und ihr wird immer klarer, es gibt nur ein Entweder-oder. Schließlich steigt sie auf ihr Fahrrad und fährt los. Nach einer Fahrt, die ihr sehr lang vorgekommen ist, gelangt sie an einen Steinbruch und dort liegt genau so ein großer Stein, wie sie ihn sich erträumte, doch sie muss verzweifelt erkennen, dass sie weder das Werkzeug noch das Wissen besitzt, um diesen Stein mit nach Hause nehmen zu können. So beschließt Ewa, dass sie nicht mehr umkehren, sondern einfach weiterfahren wird. Schließlich kommt sie ins Ausland. Da geht ihr Fahrrad kaputt und sie begegnet einem alten Mann, den sie um Hilfe bittet. Der alte Mann kann ihr nicht helfen, aber er sagt zu ihr: „Deine Reise ist gut." Und zeigt ihr dann den Weg zu einem jungen Mann, der einen Fahrradladen besitzt. Ewa ist froh, dass der alte Mann gesagt hat: „Deine Reise ist gut." Sie hat wieder Hoffnung. Sie findet den Fahrradladen, doch der junge Mann sagt zu ihr: „Ich kann dir nicht helfen, wenn du nicht weißt, was du willst." Da fällt Ewa auf, dass sie doch eigentlich etwas mit kleinen, filigranen Steinen machen möchte. „Solche Steine habe ich nicht", sagt der junge Mann, „aber draußen liegen sie doch zuhauf. Ich kann dir nur Werkzeug mitgeben." Ewa geht hinaus und nimmt den erstbesten Stein. „Das ist also mein Stein", denkt sie und beginnt einen Schlüssel daraus zu machen. Doch dann hört sie damit auf. „Ich will den Schlüssel noch nicht fertigmachen", fällt ihr ein, „denn dann ist meine Reise auch noch nicht vorbei." Sie geht ins nächste Dorf. Dort ist Markttag. Sie macht dort den Schlüssel doch zu Ende. „Vielleicht kauft ihn jemand", denkt sie. Und tatsächlich gibt

ihr eine alte Frau für den Schlüssel, der sehr schön geworden ist, viel, eigentlich viel zu viel Geld. Ewa sieht der alten Frau lange nach und weiß plötzlich, dass sie immer weiterreisen und wirklich Bildhauerin werden wird.
Das ist eine typische Selbst-Erlösungs-Fantasiereise. Ewa befindet sich in einer Notlage, aber sie schafft es und kommt aus dem Träumen ins Handeln. Dadurch macht sie Erfahrungen und gewinnt für sich wichtige Erkenntnisse, die sie in ihrer Entscheidung, ihren ganz ureigenen Weg weiterzugehen, bestärken. Es ist interessant, dass Ewa erst durch die Interaktion mit anderen Menschen, durch die Aufnahme von Beziehungen und den Mut mit anderen in Kontakt zu treten, ja, sie sogar um Hilfe zu bitten und dabei auch von den eigenen Nöten und Wünschen zu berichten, jedes Mal einen weiteren Schritt auf ihrer Reise vorankommt.

„Ach, Leute, es müsste so eine Kassette geben, wo man sich abends nach dem Unterricht noch mal angucken kann, was man an diesem Tag alles gehört, gesehen und erfahren hat. Wenn der Damm gebrochen ist, ist da plötzlich so viel Schönes, Schlimmes, Sonderbares und Wundervolles. Und ich komme kaum hinterher.“ Stine

Lockere Bereitschaft - Denkblockaden sind, wie Gefühlshemmungen, Energieblockaden. Damit das Denken funktioniert, auch das assoziative, muss der Energiefluss durch deinen Körper frei funktionieren. Aus diesem Grund muss deine besondere Aufmerksamkeit, vor allem in Phasen drohender Verkrampfung (Ich bin nicht drin..., Mir fällt nichts ein..., Ich weiß nicht, was ich jetzt machen soll...) deinem Körper und deiner Atmung gelten. Lass los. Selbst körperliche Verspannungen sind zurückgehaltene Gefühle. Ihr Festhalten ist eine große Energieverschwendung, ist Abhängigkeit. Loslassen bedeutet Freiheit und Unabhängigkeit. Also atme. Bis tief in die Flanken. Genieße es. Spüre dich. Lass deine Energie fließen. Sei bereit. Loslassen ist die Voraussetzung für die Entfaltung deiner Fantasie und Kreativität. Loslassen ermöglicht Spielfreude.

„Das war wie ein Witz. Ich sprach nicht gern über Gefühlssachen, aber ich wollte mich wohlfühlen, wie sollte das gehen? Da blieb mir dann nichts weiter übrig, als so ein klischeehaftes Denken zu haben. Und dann stand ich in meiner Sackgasse rum und wunderte mich, dass es nicht weiterging. Und dann habe ich tief durchatmen müssen, um zu merken, dass ich noch am Leben bin und dann habe ich mich rumgedreht und da war plötzlich wieder viel Licht am Ende des Tunnels." Joschi

Grenzüberschreitung - Ein Schauspieler muss in seiner Arbeit, wie alle Forscher und Entdecker, über seine Erfahrungen hinausgehen. Natürlich braucht es dazu Mut, sogar etwas Übermut kann nicht schaden. Das ist nicht ganz ungefährlich, denn wer weiß schon, worauf man stößt, aber auch nicht tödlich, denn die Probebühne ist ein geschützter Raum und sie ist uns heilig. Und dort, plötzlich, in einem gänzlich unabgesicherten Augenblick, kann aus einer Nussschale ein schneidiger Segler werden.

Spielen, spielen, spielen - Selbsterarbeitete Soloetüde. Alma spielt eine junge füllige Frau. Sie hat dazu ihr Kleid ausgestopft und mehrere dickere Strümpfe angezogen. Die junge Frau sitzt auf einer öffentlichen Bank, vielleicht in einem Park. Sie ist wirklich ziemlich dick, keine Schönheit, aber sie hat ein frisches junges Gesicht und heute scheint ein besonderer Tag zu sein, denn ihre Lippen sind sehr rot geschminkt und aus ihrer Handtasche holt sie jetzt vorsichtig eine rote Rose, die sie, nachdem sie sie aus dem Papier gewickelt hat, etwas auffällig vor sich hält. Sie beginnt die Passanten zu beobachten, ihre großen geschminkten Augen flitzen hin und her, zwischendurch sieht sie immer wieder zu ihrer Blume. Sie freut sich über die Rose in ihrer Hand und überhaupt scheint sie immer aufgeregter zu werden, sie schwitzt und pustet sich Kühlung auf ihre nackten Arme. Plötzlich spannt sich ihr ganzer Körper und sie rutscht auf die vordere Kante der Bank, sie hat jemanden entdeckt, jemanden, auf den sie gewartet hat. Sie hebt die Rose über den Kopf und winkt mit ihr. Aber derjenige, dem ihr Winken gilt, scheint sie nicht zu sehen. Sie springt etwas ungeschickt auf, bei der Köperfülle kein Wunder, und ihre Handtasche fällt dabei auf den Boden. Um die herausgefallenen Sachen einzusammeln, muss sie sich hinknien. Als sie wieder steht und nach ihrem „Date“, das ist inzwischen klar, wieder Ausschau halten kann, ist er nicht mehr zu sehen, er ist weg. Die Frau bleibt lange stehen, sie kann nicht begreifen, was passiert ist. Dann setzt sie sich wieder auf die Bank. Sie ist verwirrt und traurig. Nach einer Weile holt sie ihr Handy aus ihrer Tasche und wählt eine Nummer. Sie wartet. Als der Angerufene sich nach einer längeren Zeit meldet, fragt sie ihn: „Hallo? Warum sind Sie denn wieder weggegangen? Ich habe... Wie? Sie waren gar nicht im Park? Sie konnten nicht kommen? Aber ich habe Sie doch gesehen! Wieso... Ich verstehe nicht, Michael, Sie...“ Die dicke Frau starrt auf ihr Telefon. Michael hat das Gespräch beendet. Sie fängt lautlos zu weinen an. Die Schminke läuft ihr über das Gesicht, die Frau schnieft mit der Nase. Dann holt sie umständlich ein Taschentuch hervor und putzt sich die Nase. Als sie das Tuch wieder in ihre Tasche zurücklegen will, bleibt ihr Blick lange darin hängen. Schließlich fördert sie eine riesige Brotbüchse zutage, öffnet sie und beginnt langsam ein großes vorbereitetes Sandwich zu essen.

Sie kaut langsam und intensiv. Sie ist völlig auf das Kauen konzentriert und mit jedem Bissen scheint sie ein Stück ihrer Hoffnungen mit hinunterzuschlucken.
An dieser Stelle blickte Alma, um zu signalisieren, dass sie fertig war, ins Publikum. Doch die zuschauenden Kommilitonen wollten einen anderen, einen positiveren Schluss und da alle inzwischen wissen, dass keine Geschichte jemals wirklich zu Ende ist und sowieso immer am liebsten mitspielen wollen, gibt es die Vereinbarung, dass neue Spieler als Einsteiger in die Szene, sensibel gehandhabt, erlaubt sein können. Danny, ein Student, stand auf, er hatte sich eine Figur erdacht, die geeignet sein könnte, Almas Geschichte weiterzuführen. Er zog seinen Pullover aus, hängte ihn sich lässig um die Schultern und betrat die Bühne. Er ging zielgerichtet zur Bank und setzte sich. Eine spannende Aufgabe für beide Spieler: Keiner wusste, wie es weitergehen wird. Alma wusste nicht einmal, wer sich da zu ihr gesetzt hat. Danny dagegen wusste, welche Figur Alma spielt und in welcher Situation sich diese befindet. Er musste nun seine Figur so schnell wie möglich für seine Spielpartnerin kenntlich machen. Die dicke Frau ist etwas irritiert über die plötzliche Annäherung des Mannes, sie hört auf zu essen, lächelt ihn schüchtern an und sagt: „Hallo." Der Mann lächelt zurück und sieht ihr ziemlich offensiv in ihr Gesicht, er bemerkt die Rose, die zwischen beiden auf der Bank liegt, nimmt sie vorsichtig und hält sie der Frau hin. Dann singt er mehr, als dass er spricht: „Bonjour, Mademoiselle... schöne weiße Frau. Tu es triste, äh… wie sagt man… traurig? Pourquoi? Warum? Wozu soll gut sein das? Bonjour, Mademoiselle…" und bewegt dabei tänzerisch seinen Oberkörper und lacht sie an. Sein strahlendes Lachen ist ansteckend. Die Frau ist völlig verblüfft, nimmt die zögerlich die Rose aus seiner Hand, als hätte sie sie noch nie gesehen und wird schließlich von seinem Lachen angesteckt. Dabei verschluckt sie sich, so dass sie husten muss und

ihr die Krümel ihres Sandwiches aus dem Mund fliegen und darüber müssen beide noch mehr lachen. Der Mann klopft inzwischen der jungen Frau fürsorglich auf den Rücken. Sie hustet ein letztes Mal, atmet tief durch und sieht den Mann dankbar an. „Entschuldigung", sagt sie leise. Er schüttelt vergnügt den Kopf: „Non! Non, non, non!" Er legt seinen Arm nun endgültig um ihre Schultern und macht mit der anderen Hand eine großzügige Geste in die Welt vor ihnen: „Voilà, was fangen wir nun mit diesem schönen Tag an, Mademoiselle?"
Jetzt, das war klar, würde eine neue Geschichte beginnen können und das war die Entdeckung: Es geht immer weiter, wenn wir es wollen. Nach jedem Berg kommt ein Tal und dann wieder ein Berg und so immer weiter. Der größte Herrscher ist der Augenblick und wir können mit ihm spielen und spielen und spielen.

„Diese Zeit war für mich wie ein Urlaub, ich liebte unsere Proben. Es war verrückt, es lief, es war einfach alles da. Ich hatte herausgefunden, dass es nur weh tut, wenn man es nicht zulässt und dadurch war ich nun unglaublich locker und frei und wenn es mal nicht gleich funktionierte, war das kein ärgerlicher Fehler mehr, es gab keine Verzweiflung mehr, sondern immer nur einen neuen Anfang. Wir haben ununterbrochen zusammen komponiert, das war mein Gefühl." Ilonka

Reden, reden, reden - In der Schauspielschule wird ununterbrochen geredet. Im Seminar, in der Probe, im Einzelunterricht, im Gruppenunterricht, im Flur, beim Essen, auf dem Hof beim Rauchen, abends bei der Party. Natürlich ist andererseits die Verweigerung von Kontakt auch ein Signal, also auch Kommunikation. Der Verweigernde signalisiert, dass er keine Beziehung wünscht und er besteht zumindest vorläufig auf diesen Zustand. Der Inhalt von Theaterarbeit dagegen ist der Kontakt, der Austausch, die Veränderung, und daher ist es kein Zufall, dass Vilém Flusser, ein Kommunikationswissenschaftler, dazu notierte: „Die menschliche Kommunikation ist ein künstlicher Vorgang. Der Mensch ist ein Idiot, wenn er nicht gelernt hat, sich der Instrumente der Kommunikation zu bedienen. Unvollkommenes Mensch-Sein ist Mangel an Kunst."

„In der Schule umarmten sich alle ständig, meine Kommilitonen, die Dozenten, einfach alle. Da war so viel Berührung, immer war da eine Hand oder ein Blick. Das war mir ungeheuer und ich wich dem aus, und schlagartig dachte ich dann, dass mich sowieso keiner mag. Ich dachte mir in sekundenschnelle einen Scheiß aus und zack, war ich noch mehr blockiert. Und dann fing ich an zu grinsen und habe angefangen gegen alles und jeden zu kämpfen, aber ich war es doch am Ende selbst, der alle meine Schläge abbekam. Es war schade um die verlorene Zeit, aber das musste wohl so sein." Ralf

Stress - „Tu etwas und tu es schnell und gut." Das ist die innere Stimme des Schauspielers. Gott steh ihm bei, wenn er taub ist!

Zeitnot - Schauspieler, wenn sie blockieren, geraten in Zeitnot und ohne ausreichende Zeit um zu verarbeiten, was ihnen die Situation gerade für Aufgaben stellt, behelfen sie sich gerne mit einer schnellen symbolischen Handlung, die jede genauere Überprüfung als inhaltsleer oder klischeehaft entlarven würde. Sie agieren wie Spieler, die den Ball schnell wieder loswerden wollen und ihn möglichst weit von sich weg spielen, um die Verantwortung anderen zuzuschieben und sagen zu können: „Ich?! Wieso ich? Ich habe doch gehandelt! Ich bin nicht mehr dran!"

Symbolhandlungen - In der größten Not, wenn die Kommunikation gestört oder unterbrochen ist, es nicht fließt, nicht lebt, die Distanz zu groß ist, behilft sich der rat- oder mutlose Mensch im Kleinen wie im Großen, besonders auf allen Bühnen, auch den politischen, mit Symbolhandlungen. In der Regel haben solche Handlungen kein Potential dafür, die vorhandene Konfliktsituation zu lösen und die Geschichte voranzubringen. Viele dieser Handlungen sollen sogar den Unwillen zu echter Veränderung und Entwicklung verschleiern. Diese Symbolhandlungen sind immer Teil einer Rechnung.

„Wir müssen mehr singen. - Bei der Arbeit begegnen mir sehr oft stereotype, antrainierte Verhaltensweisen, die nicht selten aus Ängsten hervorgehen und diese Ängste produzieren dann Blockaden, mit denen ein freies Spiel nahezu unmöglich ist. Diese Blockaden kennenzulernen, anzunehmen und allmählich abzubauen ist ein sensibler Prozess, der Zeit und Vertrauen benötigt, vor allem Vertrauen zu sich selbst. Mir hilft dabei mein starker Bezug zur Musik. Singen kann man nur angstfrei, es löst, es bewegt den Körper, und genau diese Bewegung ist die Grundlage meines Spiels. Wenn die Stimme und der Körper frei schwingen, also bis in den Partner hineinreichen, entsteht ganz leicht ein echter und schöpferischer Kontakt.“ Swantje

Das Einfache - Fang mit dem Einfachen an und entwickle daraus den Vorgang dann weiter. So kannst du jeden Knoten im Kopf immer wieder entwirren. Verlass die tiefsten psychologischen oder politischen Beweggründe und schicke deine Aufmerksamkeit in etwas Alltägliches. Lass daraus wieder das Besondere entstehen, lass es zu dir kommen. Setze dich zum Beispiel auf eine Bank im Park, ruh dich aus und genieße die Sonne. Hörst du die Vögel in den Bäumen zwitschern? Und hörst du jetzt auch die kleine Mücke, die dich gerade umschwirrt? Gut. In der alten Zeitung, die du gleich aus dem Papierkorb neben deiner Bank nehmen wirst, um das lästige Insekt damit zu erschlagen, findest du, wenn du das tote Vieh vom Papier schnipsen willst, die Nachricht, dass das Mädchen, mit dem du einmal zusammen gewesen bist und das du immer noch heimlich liebst, am nächsten Wochenende den Sohn des Bürgermeisters heiraten wird und es wird dir schlagartig klar, was zu tun ist.

„Ich hatte da einen Typen in mir, einen echten Profi im Verdrängen und Vergessen und deshalb wusste ich gar nicht mehr, wer ich eigentlich war. Ich hatte nicht einmal gewusst, dass ich das so sehr brauchen würde, was jetzt passiert. Ich hatte mich am Computer oder unter meiner Kapuze versteckt und besonders die Sonntage waren meine Hass-Tage. Ich hatte nichts zu tun und trotzdem kam keine Ordnung in meinen Kopf. Heute weiß ich, dass ich eigentlich sehr wütend war. Ich hatte Aggressionen und wollte absolut nicht mehr nur der Nette und Liebe sein.“ Sander

Die Inbesitznahme des Unerreichbaren - Kunst ist künstlich und doch zugleich die tiefste menschliche Wahrheit. Ohne uns Menschen würde es sie nicht geben und da wir Teil der irdischen Natur sind, gehört sie, die Kunst, zu den qualifiziertesten Entäußerungen alles Natürlichen. Sie ist wahrscheinlich, neben Geburt und Tod, die einzig mögliche Rückkoppelung des Menschen zum Urknall. Große künstlerische Ideen bedienen sich daher jener Energieformen, die bei der Erschaffung neuer Welten im Universum wirksam werden. Selbst jeder Entwicklungsschritt einer Schauspielerin oder eines Schauspielers korrespondiert mit derselben Schöpferkraft, denn er teilt mit ihr ihre wesentlichsten Eigenschaften: Es gibt kein Zurück mehr und gleichzeitig ist kein Ende in Sicht.

„Ich war eine echt sentimentale Kuh. Ich habe früher oft gesagt bekommen, ich sei sehr schön. Daraus entwickelte sich irgendwann eine richtige Angst in mir. Keiner gab, alle wollten nur etwas - besonders Männer - und da ist dann irgendwie so eine Sprachlosigkeit daraus entstanden. Ich spielte dann viele Jahre die kleine, unverstandene Prinzessin und wartete auf das Wunder, meinen Prinzen, meinen ach so wunderbaren Retter. Ich wurde passiv und war tief drinnen oft sehr traurig. Gestern hatten wir Premiere mit unserem Märchen und da spielte ich in unserem Stück tatsächlich eine Prinzessin. Und da stand ich mit meinen Kommilitonen so vor den Kindern in meinem krassen Kleid und mit einer kleinen Krone auf dem Kopf und dachte während des Spielens: Das haben wir alles selbst gemacht! Die Kostüme! Das Bühnenbild! Die Musik! Ich war war total glücklich. Und nach einer Stunde und nach vielen bestandenen Abenteuern heiratete ich dann endlich meinen jungen Prinzen, der eigentlich Peter heißt und vor dem Studium ein halbkrimineller Graffiti-Sprayer war. Und die Kinder haben gejubelt.“ Manuela

Der Einfall - Es ist immer ein guter Ansatz das Unter-sich-Leiden durch das Über-sich-Lachen zu ersetzen. Öffne dich. Die Idee, die dich ins Spiel und zur Teilhabe bringen wird, will in dich hineinfallen. Deshalb heißt es doch: Ich habe einen Einfall! Sie braucht jetzt nur noch dein Vertrauen. Und oft ist er schon längst da, der Impuls. Gib ihm nach. Lass los. Lauf los. Die Idee entsteht, weil du bereit bist. Eine Voraussetzung für einen guten und aktuellen Einfall auf der Probe ist das Herstellen einer uneingeschränkten Bereitschaft zu freundlichem

Kontakt mit dir selbst, mit deiner Fantasie und mit deinen Partnern. Lauf los und der brauchbare Einfall kommt zu dir.

Die Schönheit der Erkenntnis - Selbstentwickelte Etüde mit vorgestelltem Partner. Utz tritt als junger Mann auf. Sein Kostüm erzählt uns, dass er bei einem Lieferdienst für Blumen arbeitet. Headset, Firmen-Basecap, in der einen Hand ein riesiges Blumenbukett, in der anderen ein Handy. Er schaut auf sein Telefon. Offensichtlich sucht er die genaue Auftragsadresse. Er orientiert sich auf der Straße und sieht die Hausnummer. In dem Augenblick, in dem er sie gefunden hat, ruft ihn jemand an. Er reagiert gereizt, es entsteht ein Streit: „Ja doch, ich bin gleich da. Hab nur noch eine Lieferung. - Ich hab doch gesagt, dass ich vorbeikomme, Betty. Jetzt geh mir nicht auf die Nerven, ja? Tschüss! Nein! Nein, ich bin nicht sauer. - Ach, weißt du, leck mich doch!“ Er drückt die Anruferin weg. Inzwischen hat er die Haustür erreicht, er atmet tief durch und lässt die Lippen dabei flattern. Dann schaltet er gedanklich um, konzentriert sich auf seinen Auftrag und liest den Zettel am Bukett. Er kommentiert leise das Gelesene: „Mein Gott, heute heiraten wohl alle.“ Er grinst und setzt eine geschäftsmäßige Fröhlichkeit auf. Er klingelt und spricht in eine Wechselsprechanlage: „Hallo? Hier ist Blumen-Service-Meier. Guten Tag. Ich bringe das Bukett für die Braut.“ Er wartet. Plötzlich verändert sich seine Haltung, die ganze Körperspannung verändert sich, erst biegt sich sein Oberkörper, dann tritt er selbst einen Schritt zurück. Er blickt irritiert noch einmal auf den Namen auf dem Klingelschild und sieht dann wieder auf die Person, die inzwischen die Tür geöffnet hat. „Silvie? Du?“ Schweigen. „Du? Du bist das?“ Nach einer weiteren Pause fallen ihm die Blumen wieder ein und er übergibt sie. „Na dann. Viel Glück auch.“ Pause. „Das ich dich noch einmal wiedersehe. Na ja.“ Er versucht einen Witz: „Ich heirate auch bald. Eine andere

natürlich." Die Tür fällt ins Schloss. Der junge Mann erstarrt, dann wendet er sich ab. Er ist sichtlich betroffen und atmet schwer. Er geht zur Straße zurück und wirkt dabei etwas orientierungslos. Dann setzt er sich auf eine Bank und stiert auf den Boden. Er ist traurig. Er reibt sich mit beiden Händen das Gesicht und murmelt leise: „Ach, Scheiße." Er ist bewegt. Er dreht seinen Kopf nochmal kurz zurück zur Tür. Dann blickt er nach vorn. Sein Gesicht ist gerötet, offen, seine Augen groß, er scheint etwas zu begreifen. Er denkt nach und er gewinnt eine Erkenntnis. Dadurch kommt wieder Energie in seinen Körper, er konzentriert sich neu. Er drückt eine fest eingespeicherte Nummer auf seinem Handy und wartet. Als der Kontakt zustande kommt, spricht er mit einer anderen Stimme, so haben wir ihn bisher noch nicht gehört, er ist zögerlich, leise, fast zart: „Betty? Betty, ich bin es. Ich wollte dir nur sagen, es tut mir leid. - Na, wegen vorhin. Ich glaube, ich bin manchmal wirklich ein richtiger Idiot. - Ja klar, ich bin gleich da." Er lacht zärtlich, er ist dankbar für das, was er als Antwort hört. Er steht auf und geht telefonierend ab und als er schon fast nicht mehr zu sehen ist, hören wir ihn ins Telefon sagen: „Ich dich auch."
Es gehört zu den schönsten Vorgängen auf dem Theater, zu sehen, wie ein Mensch etwas begreift und wie ihn das Begriffene verändert. Auch das Unausgesprochene und doch Gesagte wird hörbar, das Unsichtbare sichtbar. Auch für den Schauspieler selbst ist dieser Prozess ergiebig und beglückend.

„Oh ja, diese Bauchschmerzen! Ich kann mich noch gut daran erinnern, wie ich da abends auf meinem Bett saß und plötzlich bemerkte, wie mir mein Bauch wehtat. Erst dachte ich, ich hätte Hunger, aber dann wurde mir klar, dass ich einen unfassbaren Muskelkater hatte! Wir hatten an diesem Tag eine verrückte Probe gehabt und so oft über uns lachen müssen, dass mir jetzt

davon offensichtlich immer noch die Bauchdecke schmerzte. Als ich dann in der Küche stand, um mir doch etwas zu Essen zu machen und dabei voller Vorfreude an unsere morgige Probe denken musste, begann ich schon wieder zu kichern. Als mein Mitbewohner hereinkam, sah er mich völlig irritiert an und da wurde es noch schlimmer. Ich konnte ihm nicht wirklich erklären, was mit mir los war und ging dann in die „Skala“ ein paar Bierchen nehmen, denn ich wusste, da sitzen bestimmt welche von uns und die wissen, wie sich das anfühlt, dieses Glück.“ Theo

Die Dritte Sache - Die Beziehungen unserer Realität sind von Geschäfts- und Tauschmodellen geprägt: Mietzahlung gegen Wohnrecht, Fahrkarte gegen Transport, Arbeitsleistung gegen Geldbetrag und so weiter. Kunst verlangt eine andere Haltung. Du gibst etwas ohne Gewähr des sofortigen Rückerhalts eines Äquivalents. Dazu braucht es ein besonderes Urvertrauen, nämlich, dass sich das alles trotzdem für dich lohnen wird und dass es ein gemeinschaftliches Interesse gibt, das auch dich betrifft, und dass du letztendlich auch an dem gemeinschaftlichen Erkenntnis- und Entwicklungsgewinn persönlich partizipieren wirst. Bertolt Brecht nannte dieses Arbeitsprinzip die Dritte Sache.

Narren - Seit uralten Zeiten haben Narren die gesellschaftliche Aufgabe, das auszusprechen, was alle anderen vielleicht nur leise denken, oder auf das hinzuweisen, was sich die anderen noch nicht einmal zu denken wagen. Zu ihren Aufgaben gehört die Enthemmung des Denkens und Fühlens. Insofern sind auch die Schauspieler in den heutigen Theatern ein unverzichtbares Element der Demokratie. Ihr Metier ist der Zweifel, nicht die Propaganda. Zu ihrem Handwerk gehören der Scharfsinn, der Witz und der Mut. Ihre Liebe gehört dem Leben. Ihr Antrieb ist die Eroberung jenes Raumes, der ihnen einst verweigert wurde und das Erleben, wie aus Mängeln Vorzüge werden können.

„Ich habe eine große Lust auf Präsenz um zu spüren, wirklich da zu sein. Die unverschleierte Wahrnehmung von Verlust und Niederlage ist für mich so ein Bekenntnis, welches es mir überhaupt erst ermöglicht die Schönheit des Lebens in Gänze zu verstehen. Und Sehnsucht zum Beispiel ist ein sehr erhabenes Gefühl.“ Wolfgang

Sehnsucht - Es kommt vor, dass sich die Treue zu mir selbst und die Treue zu anderen gegenseitig ausschließen. Dennoch ist die Sehnsucht nach der Kommune eine Schwester der Liebe. Es wäre furchtbar, wenn ich nur ich wäre. Wenn da kein Zusammenhang wäre, keine Integration. Staub zu Staub. Wir stammen alle vom selben Misthaufen.

„Wie habe ich es genossen zu spüren, wie mein Fühlen und mein Denken endlich auf den Punkt kamen. Endlich war die Zeit vorbei, als ich über mich keine Auskunft geben konnte. Und plötzlich war da was, was ich gemeinsam mit den anderen genießen konnte und es kam von mir. Später wurde mir gesagt, dass ich bis dahin bei den anderen, durch meine Forderung, sie müssten mich stillschweigend verstehen, oft ein schlechtes Gefühl erzeugt hatte. Aber das war ab diesem Moment vorbei. Ich war ich und gleichzeitig Teil der Gruppe.“ Moni

Draußen und Drinnen - Fernando ist heute unser „Grundlagengruppen-König“. Er stellt seinem „Volk“ die Aufgabe, bei einem jeweils zugelosten Studierenden der zweiten Grundlagengruppe durch Provokation außerhalb des Unterrichts heftige Reaktionen auszulösen. Am nächsten Tag melden alle Vollzug und sie berichten von ihren erfundenen Liebeserklärungen, Abscheubekundungen und Kampfansagen. Doch im „Volk“ herrscht ein großes Unwohlsein und es drängt seinen „König“ dazu, die andere Gruppe aufzuklären. Die Rückmeldung ist eindeutig, das Spiel wurde nicht als Spiel erkannt, sondern als privater Vorgang gedeutet. Es gibt also eine Verpflichtung, den Bühnenpartner mitzudenken, und dazu braucht es Wahrnehmungsbereitschaft und professionelle Sensibilität. Zu einem Spiel gehören außerdem immer Regeln, die alle Spielpartner kennen. „Draußen“ ist keine Bühne.

„Das Beschissenste am Selberspielen ist, dass man es nie selber sehen kann.“ Meilo

Spektakel - Ja, ja, die Sehnsucht nach dem ganz, ganz Neuen, noch nie Dagewesenen treibt manchmal wunderliche Blüten. Aber selbst den spektakulärsten Einfall hat es sicher schon irgendwo gegeben! Mit einem Salto aufzutreten, dabei die Hose herunterzulassen und während des ersten Satzes mit einem Feuerzeug den eigenen Furz anzuzünden, ist auch nicht neu. Sicher, das muss man erst mal können. Die eigentliche Sensation, das eigentlich Neue, das noch nie Dagewesene bist du aber selbst. Effekt ist nur eine Wirkung ohne Ursache und gleichzeitig Ursache ohne wirkliche und nachhaltige Wirkung. Dein wirklicher Schatz bist du selbst. Du bist einzigartig, wenn du den Mut dazu aufbringst. Glaube an dein unverwechselbares Ich.

Meditation - Lerne deine Gefühle, deinen Geist und deinen Körper in ihrer Vollständigkeit wahrzunehmen, ohne Bewertung und ohne Furcht.

„Ich wollte allen gefallen und wenn das nicht klappte, wurde ich schnell unglaublich traurig, dabei sollten mich alle als Typen mit unglaublich guter Laune kennenlernen, der immer mal einen lockeren Spruch auf den Lippen hat, der sich gut bewegen kann, der auch mal für einen Spaß und ein kühles Getränk zu haben ist. Ich wollte omnipräsent sein, mein alltäglicher Gang war deshalb betont bullig, Schultern zuerst, dann Arme und Beine. Manchmal kam ich dadurch mächtig ins Stolpern." Hans

Der Körper - Ohne Körper geht nichts. In ihm bündelt sich das menschliche Leben, sein Fühlen, aber auch sein Denken. Er ist Material des Lebens und des Todes und somit auch des Theaters. Der Körper ist das ureigene Instrument des Schauspielers, der sich differenziert handelnd dabei auch differenziert bewegen muss. Außerdem ist Theater eine extatische Kunst. Da ist kein Verstecken möglich, allen Schauspielern klopft das Herz höher, bevor sie auf die Bühne gehen, der Körper ist in Alarm, und Angst und Lust geben sich die Hand.

Die Stimme - Jeder Mensch hat einen Grundton, eine Vibration, die nur ihm eigen ist, seine originäre Stimme. Sie ist manchmal verdeckt, übertüncht, maskiert, aber jeder kennt das Gefühl, das entsteht, wenn ein Schauspieler mit dieser seiner eigenen Stimme spricht, da hat der Sprechende Kontakt zu seiner Kraft, zu seinem Zentrum, da werden wir berührt, da fühlen wir uns betroffen, denn da hören wir eine Schönheit und Authentizität, der wir bereit sind zu folgen und der wir alles glauben, weil davor und dahinter nichts anderes mehr ist. Marsyas, so erzählt Franz Fühmann, ein hufiger Silen, ein argloser Verwandter der Zentauren, unsterblich wie sie, fand der griechischen Mythologie zufolge an einem Strand die von Athene erschaffene Doppelflöte und verstand auf ihr in einer so begnadeten Weise zu spielen, dass die schwarzäugige Göttin Kybele, vom Zauber ihrer Töne angelockt, erschien, und den Harmlosen ermunterte, Apollon, den Gott der Künste, zum Wettkampf herauszufordern. Apollon, der Marsyas in seinen Träumen vor diesem Frevel warnte, erschien ihm schließlich am dritten Tag mit seiner Lyra, seinem Lieblingsinstrument, und der vom eigenen Klang berauschte Marsyas in seiner Glückseinfalt ließ sich auf einen Wettstreit ein, dessen Kampfpreis nichts geringeres war, als dass der Besiegte sich in die Hand des Siegers geben würde. Marsyas begann zu spielen und die Schönheit seiner Töne wölbte den Kosmos und überwältigte schließlich sogar die Musen, doch der Gott besiegte den Gutmütigen mit einem Trick und forderte nun seinen Preis. Er wolle ihn, den Besiegten, nun ergründen und den eigentlichen Sitz dieses Klanges, seine Seele, finden, denn er als Fachmann wusste, dass diese Töne durch das Instrument nur seinen Ausgang gefunden hatten und dass sich deren eigentlicher Quell im Inneren des Hufigen befinden müsse. Er band Marsays zwischen zwei Bäume und öffnete ihn. Aber er konnte nichts finden, und als er ihn schließlich gänzlich ausgeweidet hatte und nur noch die Haut zwischen den Fichten spannte, fuhr ein Wind in den Balg und das erzeugte eine Vibration von solcher Anmut und Wahrheit, dass der Gott, der um die Haut herumgegangen war, aber auch da nichts fand, denn dahinter verbarg sich nichts mehr, auch dieses Letzte zerstören wollte. Doch er hatte vergessen, dass nicht sterben konnte, was da klang, und die Haut schloss sich immer wieder, als ob der unauslöschbare Ton jede neue Verwundung wieder zu heilen imstande wäre. Und was da übrig war, die unverwüstliche Stimme, widerstand seiner Wut und tanzte im Wind. Hör, wie sie singt.

Das Staunen - All deine Sinne sind plötzlich offen. Du reißt die Augen auf und du atmest ein. Du nimmst extrem wahr und du kannst nicht genug davon bekommen. Dein Staunen ist ein emotional mobilisierender Vorgang als Reaktion auf eine Wahrnehmung, die nicht deinen bekannten Denkmustern und deinen bisherigen Erfahrungen entspricht. Dein Staunen will begreifen. Staunen ist der Anfang vom Lernen. Seine radikalste Form ist das Erschrecken.

„Du Oma, am liebsten habe ich Angst vor dem bösen Wolf!" Als ich das nach unserer Märchenvorstellung hörte, musste ich selbst total loslachen. Genau das ist es! Das kleine Mädchen, das ganz vorne in der ersten Reihe saß, war mir schon beim Spielen aufgefallen, weil es so dran war an unserem Stück, lachte und schrie, weinte und wieder lachte, und als ihre Oma sie nun trösten wollte, wehrte sich das Mädchen und rief: „Nein, Oma, hör auf, ich will mich doch fürchten. Das macht doch gerade so viel Spaß!" Dustin

Privat und Persönlich - Nach Weihnachten stand die Aufgabe an zu berichten, was jeder Seminarteilnehmer in den Ferien erlebt hatte. Es ging darum, ob der bisherige Unterricht zu einer veränderten, verschärften Wahrnehmungsfähigkeit der Umwelt geführt habe. Armin, ein Student des ersten Jahrganges, wirkte während der Berichte seiner Kommilitonen sehr still und in sich gekehrt. Als Letzter erzählte er uns schließlich seine Geschichte. Er berichtete von seinem Bruder, den er im Krankenhaus besucht hatte. Ein tapferer kleiner Junge mit Leukämie, der in seinem Bett ein neuentwickeltes Computerspiel spielte, wo er mit einem Schnapper durch die Blutbahnen seines eigenen Körpers schwimmen konnte und dabei virtuell Krebszellen killte. Das Spiel war extra entwickelt worden, um den Optimismus von kleinen Patienten spielerisch zu stärken. Armin war davon sehr bewegt und seine Emotionalität übertrug sich sofort auf die Gruppe. Ein paar

Mädchen weinten, umarmten ihn und in der Gruppe entstand der Impuls, Geld für die Krebshilfe zu sammeln. Im nächsten Unterricht am nächsten Tag offenbarte sich Armin. Er habe sich die Geschichte mit seinem Bruder nur ausgedacht. Die Empörung, die er damit auslöste, war enorm, viele fühlten sich betrogen, ein Mädchen schlug ihn sogar. Er verteidigte sich, er habe in den Ferien zufällig tatsächlich eine Dokumentation über so einen ähnlichen Fall im Fernsehen gesehen und wäre davon sehr berührt worden. Er habe nun überlegt, wie er sein Erlebnis am wirksamsten vermitteln könne obwohl es ihn privat gar nicht beträfe und beschlossen, sich der Schauspielkunst zu bedienen. Dadurch ließ sich im nachfolgenden Gespräch der Unterschied zwischen Privat und Persönlich, der uns im Schauspielerberuf oft beschäftigt, wunderbar herausarbeiten. Freilich, die Gruppe wusste im Gegensatz zu den Besuchern einer Theatervorstellung nicht, dass sie einem theatralischen Vorgang beiwohnen würde. Und so war auch die Kritik, die ihrer Begeisterung folgte, nicht ganz unberechtigt. Armins ihn selbst überraschender Erfolg bei seinem Publikum basierte auf einem intensiven privaten Erlebnis. Er schaute Fernsehen und nahm dabei eine starke Empfindung bei sich selbst wahr. Er war betroffen. Nun machte er sich durch die Kenntnis, die er durch die Dokumentation erwarb und sein Einfühlungsvermögen dieses fremde Schicksal zu Eigen. Er verknüpfte es schauspielend mit sich selbst. Und wurde in der Bruder-Rolle, die er für sich erfand, sehr persönlich. Und so konnte er sein Betroffen-Sein wirksam auf andere übertragen.

Erschüttern lassen - Partneretüde. Dieser Arbeit ist ein Beobachtungsauftrag auf der Leipziger Kleinmesse vorausgegangen. Die Studierenden sollten auf der Basis dort gemachter Beobachtungen eine Szene entwickeln. Mia und Tom sind auf der Bühne, sie spielen ein Pärchen auf einem Rummel. Die Frau, die eine Schürze und darüber eine alte Trainingsjacke trägt und auf dem Kopf eine ausgebeulte Wollmütze hat, sitzt hinter einem Tisch, der ein Kassenhäuschen darstellen soll. Ihr Mann lümmelt auf einem Stuhl vor ihrem gemeinsamen Geschäft. Ein paar weitere Stühle stellen ihre Berg-und-Tal-Bahn dar, sie bewegt sich nicht, es ist kalt und keine Kundschaft in Sicht. Von irgendwo dudelt leise trostlose Rummelmusik, die Zeit steht still. Der Mann, der Chef, schlägt den Kragen seiner Jacke nach oben und die Beine übereinander. Er könnte so fast aus einem Hollywood-Film stammen. Dann zündet er sich, sie mit der Hand sorgfältig abdeckend, es regnet also etwas, eine Zigarette an und raucht. Manchmal sieht er zu seiner Frau hinüber, doch die bemerkt ihn nicht, sie guckt nur geradeaus in den Regen, in das Nichts, vielleicht in ein verfehltes Leben. Kevin tritt auf, seine Figur, ein junger Mann, hat einen zu großen schmutzig-weißen Jogginganzug an und trägt ein Basecap. Er gehört offensichtlich zu den beiden anderen, aber er kommt wohl zu spät, er entschuldigt sich, er stottert dabei etwas und beginnt, mit einem Lappen die Sitze der Berg-und-Tal-Bahn abzuwischen. Die Frau erwacht aus ihrer Erstarrung, sie klappt ihre Kasse zu, schließt sie ab und kommt aus ihrem Häuschen. Sie geht zum dem eifrig Arbeitenden. „Kannst aufhören." Das klingt nicht besonders böse, eher müde, aber entschieden. „W-W-Warum? W-W-Warum, F-F-Frau?", der junge Mann ist erschrocken. Er blickt zum Chef hinüber. Doch der sitzt nur da und raucht und blickt ausdruckslos zurück. Nur sein Körper hat etwas mehr Spannung bekommen. Der junge Mann richtet sich auf und er beginnt sich nochmals wortreich zu entschuldigen. Die Silben purzeln ihm so hastig aus dem Mund, dass seinen Worten meistens der Sinn verloren geht. Da erhebt sich der Chef von seinem Stuhl und kommt näher, er wirkt bedrohlich. Der junge Mann sieht hilfesuchend zur Frau, aber die zuckt nur mit den Schultern und macht mit dem Kopf eine vage Geste über den Rummelplatz, dann schüttelt sie sich

kurz die Regentropfen von ihrer Kleidung und geht wieder zurück in ihr Häuschen. Der junge Mann versteht. Keine Kundschaft, kein Geld, keine Arbeit. Aber er will nicht aufgeben und beginnt wieder zu putzen. Der Chef verschränkt die Arme und beobachtet ihn eine Weile. „Komm, hau ab jetzt." Das ist deutlich. Die Art, wie der Chef sich danach umdreht, zu seinem Stuhl zurückgeht und sich wieder auf ihn wickelt, nachdem er das Wasser, das sich inzwischen auf ihm angesammelt hat, mit einer Handbewegung davongefegt hat, erzählt, dass seine Wut etwas anderes meint. Es ist die Wut auf seine eigene Situation, seine eigene Hilflosigkeit. Alle schweigen. Der Chef sitzt und raucht und die Frau sitzt und guckt in den Regen. Ab und zu huscht ihr Blick zu ihrem ehemaligen Rummelhelfer hinüber, sie zeigt Mitgefühl, doch dann wird es auch ihr zu viel und sie öffnet wieder die Kasse und sieht hinein, ohne sich weiter zu bewegen. Der Chef schnippt den Zigarettenstummel weg und rollt sich noch mehr zusammen, so dass er jetzt dem Verzweifelten schon halb den Rücken zudreht. Die Musik dudelt. Der junge Mann gibt auf, er wirft seinen Lappen auf einen der Sitze der Bahn und geht ab.
Die Studierenden hatten bis hierhin gut gearbeitet. Die Situation war etabliert, die Geschichte war Zug um Zug aus dem real Beobachteten weiterentwickelt worden. Die Fallhöhe war da. Aber der Abgang war viel zu schnell. Kevin erhält die Aufforderung, nochmal einzusteigen und weiterzuspielen. Er nimmt den Lappen wieder auf und spielt da weiter, wo er aufgehört hatte. Er war noch nicht fertig, das ist allen Zuschauern klar. Die Musik dudelt, die Frau starrt in die Kasse, der Chef sitzt zusammengerollt auf seinem Stuhl und guckt auf die Erde und der junge Mann steht zwischen beiden mit seinem Lappen in der Hand. Plötzlich geht etwas durch Kevin, er lässt los und öffnet sich der Situation des Abgewiesenen, wir wissen nicht, wie er das macht, wo seine Seele gerade andockt, aber wir sehen. Eine

unendliche Verlassenheit strömt durch ihn hindurch, wir sehen jedes kleinste Gefühl in seinem Gesicht und seinem Körper, obwohl er fast nichts macht. Es passiert, es bewegt sich durch ihn hindurch, er ist durchlässig geworden. Er versucht zu sprechen, aber bekommt nichts heraus. „D-D-Du... I-I-Ich..." Die Zuschauer sind fasziniert und Kevin kostet diesen Moment in seiner Spiellust aus, er lässt sich Zeit, er sieht lange ins Publikum, seine Klage ist stumm, aber jeder kann sie hören: „Warum? Warum müssen wir so leben? Warum hilft niemand?" Die zuschauenden Kommilitonen haben sich nach vorne gelehnt. Ihre Münder sind offen, ein spannender Moment, ein wunderbarer Moment, das Schicksal dieser Menschen bewegt alle. Der junge Mann faltet den Lappen jetzt behutsam zusammen und legt ihn auf einen der Sitze. Tränen laufen ihm dabei über sein Gesicht, sie tropfen auf den Holzboden. Er sieht zum Chef. Der reagiert nicht. Er sieht zur Frau. Die blickt zurück und hält seinem Blick ohne Regung stand. Der junge Mann nickt ihr ganz leicht zu, dreht sich um und geht, sich sein Gesicht mit dem Ärmel abtrocknend, langsam davon. Die Szene ist fertig. Jetzt erst. Das war der richtige Moment um abzugehen. Kevin weiß das und alle anderen wissen das auch. Er ist glücklich, er hat ihn gespürt, den Spiel-Flow. Auf diese Erfahrung wird er nun immer wieder zurückgreifen können, seine Palette ist um eine Farbe reicher geworden. Es war ein wechselseitiges Geben und Nehmen. Er hat den Raum, der ihm von seinen Spielpartnern und der Situation gezeigt wurde, gesehen, ernst genommen und gefüllt.

Geben und nehmen - Was wir uns von den Shaolin-Mönchen abgucken können: Ich erkenne mich selbst. Ich achte auf das, was ich spüre. Wenn ich etwas tue, muss ich es wirklich wollen. Ich bin gelassen, in jeder Situation und allem gegenüber. Ich habe keine Angst, ich konzentriere mich auf das Wesentliche, auf den Augenblick, auf

das Vorhandene. Ich respektiere und achte meine Spielpartner, bin aufgeschlossen allem Neuen gegenüber, nur wenn ich etwas gebe, kann etwas zurückkommen.
Theaterspielen ist den Subjektbeziehungen von Kontaktsportarten verwandt. Du empfängst die Anregung deiner Partner, um sie dir einzuverleiben und sofort weiterzuentwickeln. Der Kontakt ist immer prozessorientiert. Du musst immer bereit sein, deinen Plan umzustoßen. Es gibt keinen Stillstand. Auch die Ruhe im Spiel hat nichts mit „sich nicht bewegen“ zu tun, sondern mit „sich im Verhältnis zur Situation adäquat mitzubewegen“; ähnlich wie Boxer es tun, um ihren Abstand zu halten und dabei Möglichkeiten eines nächsten eigenen Angriffes zu prüfen. Dieses Miteinander-Spielen erfordert eine hohe Achtsamkeit gegenüber dem Eigenen und eine intensive Wahrnehmung des Anderen. Wenn du den Kontakt zum Partner und zur Situation zu verlieren beginnst, nicht mehr „richtig folgen“ kannst, den Eindruck bekommst „draußen zu sein“, löse kurz durch und sei wieder aktuell.

Denken: ein Anfang - Nichts ist, wie es ist. Alles ist, wie es scheint, und nur darauf reagieren wir, wenn wir nicht dahinter gucken. „Zweifeln ist der Anfang vom Denken und denken der Anfang vom Menschen“, schenkte uns der Schriftsteller Jurij Brezan in seinem sorbischen Faust-Roman „Krabat oder die Verwandlung der Welt“.

Wach bleiben - Das Selbst-ständig-Sein, also ständig du selbst sein, ist anstrengend. Es gibt aber keinen anderen Weg! Glaub nicht unüberlegt dem Hörensagen, den Überlieferungen, den Vermutungen und eingewurzelten Anschauungen oder den Worten eines verehrten Vorbilds, sondern nur dem, was du selbst gründlich geprüft hast. Echolalie ist ein weitverbreitetes Übel. Widerstehe dem Konformitätsdruck. Entlarven sich deine alten Denkmuster dabei als unbrauchbar, wirf sie bedenkenlos über Bord. Es geht im Theater immer um die Überwindung jeder eindimensionalen Logik. Mach dich also nicht von der Meinung anderer abhängig. Hüte dich davor, deinen Arbeitsprozess damit zu verbringen, die Erwartungen anderer zu erfüllen. Du bist für dein Spiel selbst verantwortlich. Du stehst nachher vor dem Publikum auf der Bühne. Die Abschiebung der Verantwortung (Mieser Partner..., Schlechtes Stück..., Falsche Rolle..., Dämlicher Regisseur..., Ungünstiges Licht..., Zu enges Kostüm..., Scheiß-Musik...) macht dich machtlos. Vergeude keine Zeit auf der Suche nach einem Hindernis. Du bestimmst, wie es dir geht.

„Das war mein gut erprobter Trick: Ich stellte mich einfach immer dümmer, als ich bin, um den Weg des geringsten Widerstands zu gehen und möglichen Sanktionen auszuweichen. Ich behielt meine Gefühle und Gedanken einfach so lange für mich, bis ich sie endlich vergessen hatte. Doch seelische Verletzungen sind ja letztlich körperliche Verletzungen. Und dann habe ich das ausprobiert und mir eine Pille eingeworfen. Keine Ahnung, was ich mir dabei dachte. Das war schon irgendwie ein autoaggressiver Vorgang, aber was nutzte es, dass ich wusste, dass dieser Selbsthass eine Folge von Fremdaggression war. Es ging mir einfach schlecht. Dass das dann so wirkt, hätte ich nicht gedacht, und abends als ich wieder etwas fühlen konnte, habe ich geweint. Ich will doch, dass man sich an mich erinnert.“ Xaver

Nächste Chance - Du kannst dich jeden Tag immer wieder zwischen ängstlicher Befangenheit oder echter Begeisterung entscheiden. In jeder Probe, in jedem Unterricht, in jedem Gespräch. Triff deine Wahl und lass dich von Soren Kierkegaard ermutigen: „Nur von Verwandelten können Verwandlungen ausgehen.“

Ja sagen - Jeder Kontakt, jede Beziehung und jede Verwandlung auf die ihr euch einlasst, kann nur mit einem - am besten gegenseitigen - Vertrauensvorschuss beginnen. Sonst ist eure Geschichte schnell zu Ende. Soll es aber weitergehen, hilft nur eins: Positiv werten. Bietet euren Spielpartnern immer - nicht im romantischen sondern im humanistischen Sinne - einen liebevollen Umgang miteinander an. Versucht ihre Angebote anzunehmen. Spielt mit ihnen. Seid euch dabei bewusst, dass unsere Neigung, gern von uns selbst auf andere zu schließen, dabei selten hilfreich ist. Es gilt gemeinsam so viel als möglich zu erfassen. Erst alles zusammen ergibt eine Abbildung dessen, was in eurer Spielszene passieren könnte. Denke nie „so geht es", denke lieber „ja, so könnte es vielleicht gehen". Die dicken Früchte hängen oben, da wo die Sonne rankommt. Streck dich! Sag „Ja".

„Schwanger??? - Frau A. von der Pforte fragte mich heute früh, als ich den Schlüssel für die Probebühne holen wollte, ganz verschmitzt, ob ich etwa froher Hoffnung sei, ich wäre neuerdings so fröhlich, so kontaktfreudig, lebendig und positiv geworden. Bin ich denn plötzlich durchsichtig oder was? Ist das die Durchlässigkeit, von der wir im Unterricht immer reden? Sie hatte natürlich absolut recht, ich bin schon tatsächlich ein bisschen schwanger: Mit mir selbst!" Toni

Positiv werten - Selbstentwickelte Soloetüde. Maja tritt als ein junges Mädchen auf, mit Zöpfchen und Röckchen, in der Hand hält sie ein selbstgemaltes Plakat, darauf steht „Justin Bieber - Ich liebe dich!". Offensichtlich befindet sie sich in einer Konzertarena schon unter den Zuschauern. Sie drängelt sich voller Erwartungsfreude nach vorn, lächelt, entschuldigt sich, bleibt aber beharrlich. Sie will zu ihrem Idol in die erste Reihe und sie schafft es! Plötzlich fällt ihr auf, dass alle

um sie herum Stehenden irgendwie anders aussehen, so gar nicht Justin-Biber-Like. Doch da kommen schon die Musiker auf die Bühne! Alles brüllt. Alles tobt. Ein ohrenbetäubender Lärm geht los und das Mädchen kreischt hingerissen mit. Es entrollt begeistert das Plakat und streckt es dem Sänger entgegen. Doch plötzlich stutzt sie. Da steht nicht Justin, da steht ein Sänger, den sie noch nie gesehen hat! Und sie hört Musik, die sie noch nie gehört hat! Irritiert hält sie inne.
An dieser Stelle war das erste Angebot von Maja quasi zu Ende. Ihre Figur begann zu weinen und drängelte sich aus den Zuschauern davon. Schluss. Das war schade, Maja hatte mit ihrem schönen Konflikt höhere Erwartungen im Publikum geweckt! Sie wurde nun gebeten, die Situation neu und positiv zu bewerten. Maja stieg wieder an der Stelle in die Szene ein, als die Musiker auf die Bühne kommen. Sie kreischt wieder hingerissen mit und entrollt begeistert ihr Plakat und streckt es dem Sänger entgegen, doch plötzlich stutzt sie. Oh mein Gott! Da steht eine ihr unbekannte Band und ihr Frontmann brennt! „Rrrrrammmstein…!!!" Und die Musik ist gewaltig. Wütend. Kraftvoll. Elementar! Das Mädchen blickt nun auf ihre Nebenleute, die alle offensichtlich wissen, wozu sie gebeten sind und ihre Köpfe im vibrierenden Rhythmus des Beats schütteln. In diesem Augenblick begreift das Mädchen seinen Irrtum als Chance und trifft eine Entscheidung, die ihm ein Erlebnis verschaffen wird, das es in seinem Leben nie wieder vergessen wird: Das Mädchen löst seine Zöpfe, zerreißt das Justin-Bieber-Plakat und wirft die entstandenen Schnipsel in die Luft, so dass sie wie Konfetti über alle Tänzer regnen. Es hebt die Arme Richtung Bühne und beginnt seinen Kopf und sein offenes Haar mit den anderen im Takt der Bässe zu schütteln. Sie gibt sich mit einem begeisterten Jauchzen gemeinsam mit den um sie herum tanzenden Menschen der Ekstase des Augenblicks hin. „Hierrrr kommmt die Sonne…!!!"

Maja war überglücklich über das neue Ende der Etüde. Sie berichtete der Gruppe, dass sie die Kritik, die sie für ihre erste Variante erhalten hatte, zunächst wütend gemacht habe, es ihr aber schnell gelungen sei, sich davon zu lösen und ihren Zorn in positive Energie umzuwandeln. Nur so hätte dieses überraschende Ergebnis und damit auch dieses besondere Erlebnis für sie selbst entstehen können. Aus ihren persönlichen Erfahrungen heraus hätte sie die Geschichte so nicht erfinden können, im Spielmodus wäre sie jedoch in Kontakt zu ihren unterbewussten Wüschen gekommen und hätte diese auf der Bühne eine Grenze überschreitend weiterentwickelt.

Über die Kritik - Ach was, keine Angst vor produktiver Kritik. Diese Kritik ist immer ein Ausdruck von Zuneigung! Diese Kritik, richtig eingeordnet, macht dich nicht schwach. Im Gegenteil. Dein Kritiker liefert sich dir gerade aus und riskiert gerade deine aufwallende Zurückweisung. Warum er das tut? Weil du ihn interessierst. Weil er deine Arbeit mag. Weil ihn dein Spiel zum Mitdenken angeregt hat. Vielleicht geben dir die Fragen deines Kritikers den nötigen Impuls, den du gerade brauchst. Hör genau zu. Nimm die Fragen ruhig mit nach Hause und gib den Antworten Zeit zu reifen. Deshalb gilt übrigens ebenso: Nur wer sich selbst mag, kann auch produktive Selbstkritik üben. Misstraue besser dem freundlichen Desinteresse. Auch wenn es noch so schulterklopfend daherkommt. Aus diesem Lob kann man nichts lernen.

„Die eigentliche Arbeit findet bei mir oft nach der Probe statt, wenn ich nochmal über alles nachdenke, alles heute Gefundene überprüfe und in meinen Gedanken nochmal nachvollziehe. Ich liege dann auf meinem Bett und spiele in meinem Kopf noch einmal alles durch. Manchmal verstehe ich erst dann,

was heute passierte, oder mir kommt dann plötzlich sogar eine neue Idee. Manchmal schlafe ich darüber ein, aber selbst im Traum geht dieses Update irgendwie weiter. Ich freue mich dann auf den nächsten Unterricht, wo wir alle unsere Nacht-Geburten herbeischleppen und sie uns gegenseitig vorstellen. Das ist oft unglaublich spannend. Besonders anspruchsvoll ist für mich das Colloquium, in welchem jeder von uns sich selbst, seinen Stand und das Ergebnis der letzten Arbeit einschätzen soll. Die Abende davor sind immer sehr aufwühlend für mich. Werden die anderen mich verstehen? Finde ich die richtigen Worte und was werden die anderen zu meiner Arbeit zu sagen haben?" Krista

Colloquium - Beschreibe: Was war wirkungsvoll? Was war effektiv? Was war überflüssig? Welche Regeln könnte man aufstellen oder brechen? Es geht nicht um Rechthaben. Trenne deine Überlegungen zur Sache von der Kritik an der Person. Prüfe: Woher stammt die Kompetenz, mit der du etwas Bestimmtes kritisierst. Tarne dich nicht mit vorgeblicher Sachlichkeit. Erkunde, bevor du dich zu Wort meldest: Welches Bedürfnis hast du? Redest du nicht eigentlich von dir? Gut, dann sende Ich-Botschaften.

Selbstkritik - Frage dich immer, welche Eigenforderungen habe ich aus meinen bisher gewonnenen Erkenntnissen und den Hinweisen meiner Dozenten während der Unterrichte in der Vorbereitung auf meine Arbeit im letzten Szenenstudium entwickelt. In welchen Bereichen ist eine sichtbare Entwicklung eingetreten und warum? Was hat dagegen noch nicht funktioniert? Warum bin ich an dieser Stelle gescheitert? Der Ängstliche steht ständig auf dem Prüfstand der anderen. Der gereifte Spieler prüft sich nach seinen eigenen entwickelten

Kriterien vor allem selbst. Nichts ist härter, als durch den eigenen Gedanken in die Krise zu geraten!

„Ich will nicht immerzu unzufrieden mit mir sein und an allen Mündern hängen. Ich weiß, ich bin ja nur zur Sicherheit lieber negativ gestimmt. Zur Absicherung, falls es nicht klappt und nicht gut wird. Ich geh mir da selber unheimlich auf den Geist. Ich katapultiere mich damit selbst gern in die Außenseiterrolle, weil ich mir einbilde, dass ich es da leichter habe, mit meinem Notnagel. Umso größer ist natürlich meine Glückshysterie, wenn es dann klappt und ich gelobt werde. Das hält aber auch nicht lange an. Ich weiß schon, dass das beides irgendwie unrealistisch ist, und dann werde ich unglaublich müde. Ich will mich nicht mehr so krass selbst vergiften." Malene

Selbstprovokation - Ihr sucht Antworten auf Fragen, für die ihr noch gar keine Worte habt? Fürchtet euch nicht! Macht weiter! Provoziert euch selbst! Der Dichter Paul Heyse, ein kluger Geist von großer Produktivität, formulierte mit der Dualität von „Wer niemals außer sich gerät, wird niemals in sich gehen" ein auch für euch sehr geeignetes kreatives Credo. Und Henry Ford, der mit der Einführung des Fließbandes die Effizienz seiner Ford-Werke einst versiebenfachte, prägte euch mit „Wer immer nur das tut, was er schon kann, bleibt immer nur das, was er schon ist" ebenfalls einen brauchbaren Wahlspruch! Die bestechende Logik, die diesen beiden Sätzen innewohnt, gilt unbedingt auch für alle Schauspielstudierenden. Geht auf das, was ihr noch nicht kennt mit Entschlossenheit zu, denn ihr wollt euch weiterentwickeln, und wenn ihr dabei die Fassung verliert, sozusagen aus der Spur fliegt - das kann schon mal passieren, denn wem das Herz voll ist, dem geht der Mund über - so könnt ihr schon bei der nächsten

Spielrunde, da ihr nun wisst, wo die Gleise liegen, eine fokussierte Bahn ziehen. Am Ende geht es im Grunde doch immer nur um das Wichtigste in unserem Leben, wie uns das Grundlagenspiel verrät, in dem die Gruppe einem Kommilitonen vorgibt, es hätte sich eine Geschichte ausgedacht, die der Betreffende nun durch Fragen, die nur mit „Ja“ oder „Nein“ beantwortet werden können, erraten muss. Der Witz dabei ist, dass die Gruppe keine Geschichte hat. Sie beantwortet einfach alle Fragen die auf einen Vokal enden mit „Ja“ und alle anderen mit „Nein“. Es geht also um die Provokation der inneren Fantasie des Fragenden. Die erste Frage lautet in der Regel immer: „Geht es in eurer Geschichte um Liebe?“ - „Ja.“ - „Und spiele ich in dieser Geschichte auch eine Rolle?“

Erste Rettung: Größenwahn - Fantasiereise (3). Asta erzählt von einem schönen rothaarigen Mädchen. Es hat aber keinen Namen. Zeus sieht das schöne rothaarige Mädchen ohne Namen vom Olymp aus. Er beschließt, dass er es unbedingt haben muss, obwohl er schon eine Frau hat, aber das liegt wohl an seiner großen Potenz. Er kommt zu der Rothaarigen, aber das Mädchen weist ihn zurück, denn sie war schon einmal von einem Mann enttäuscht worden. Und seitdem ist ihr Herz ein kalter Kristall. Da verwandelt sich Zeus in einen alten Maler und nähert sich ihr erneut. Sie erkennt ihn nicht. Alle anderen Menschen lachen ihn aus, weil er gar nicht malen kann. Da bekommt sie Mitleid mit ihm und da wird etwas in dem rothaarigen Mädchen ganz heiß und der Kristall in ihrem Busen schmilzt und sie denkt, dieser Maler hat wenigstens gelebt, das ist nicht so ein dahergelaufener Sprutz, wie der Junge von gestern und sie vereinigt sich mit ihm und kann wieder lieben. Nach neun Monaten bekommt das schöne rothaarige Mädchen, das keinen Namen hat, einen Knaben und der wird dann der erste Zar des Russischen Reiches.

Die Geschichte vom Mädchen ohne Namen ist in ihrer Grundstruktur eine typische. Sie berichtet von dem Wunsch, sich aus der durch erlittene Enttäuschungen entstandenen inneren Erstarrung zu lösen und wieder zu den Liebenden zu gehören. Dass das Mädchen es dabei noch nicht schafft, ihren Namen wiederzufinden und sich stattdessen sozusagen mit dem Titel der „Mutter eines zukünftigen Zaren" behelfen muss, zeigt, dass ihre Selbstfindung noch nicht abgeschlossen ist. Die Fantasie von der Geburt des Knaben verweist aber gleichzeitig darauf, dass sie sich sicher ist, dass in ihr noch etwas Kraftvolles verborgen ist, das auf Erlösung wartet und bald ans Licht treten wird.

Keine Erlösung - Es gibt keine abschließende Erlösung so lange wir leben. Auch das Leben des Schauspielers wird sich dieser Hoffnung auf Dauer verweigern. Allerdings offeriert sein Beruf Erkenntnis und stetige Bewegung. Er bietet ein Leben im Offenen und eine unendliche Reise ins Unbekannte. In Luthers Übersetzung des Alten Testaments spricht Elihu in seiner letzten Rede, wenn er dem - von den nach ihm benannten sprichwörtlichen Hiobsbotschaften - schwer getroffenen Hiob Trost anbietet: „Siehe, Gott ist mächtig und verwirft niemand(en); er ist mächtig an Kraft des Herzens... So reißt er auch dich aus dem Rachen der Angst in einen weiten Raum, wo kein Bedrängnis mehr ist; und deinen Tisch füllt er mit Gutem." Der Dichter und Atheist Heinz Kahlau spricht dagegen zu den Lebendigen: „Nichts bleibt sich gleich. Wer wagt, sich einzurichten, / der richtet sich für Augenblicke ein. / In einer Welt, bestehend aus Bewegung, / da kann ich selber nur Bewegung sein."

„Das kenne ich von zu Hause gut. Bei vielen, besonders bürgerlichen Menschen sind doch, wenn man sie im Alltag beobachtet, ihre Sprache, ihre Mimik, ihr ganzer körperlicher Habitus bis hin

zu ihrer Kleidung, ihr ganzer Ausdruck also, immer gesteuert, kontrolliert, also eigentlich simultan. Alles im Interesse einer bestimmten Absicht oder eines gewünschten Bildes. Spontan sind sie nur bei eruptivem Kontrollverlust und das kann deswegen für sie selbst und auch für andere gefährlich werden. Guck mal auf die Autobahn oder hör dir das aggressive Gegröle beim Männertag und solchen Feiern an. Das klingt wie die Apokalypse. Es heißt ja auch, da haben wir so richtig die Sau rausgelassen. Also wird das in uns Angestaute irgendwann zu einer Sau oder es macht uns zu einer. Das hat alles mit Spannung und Lösung zu tun, vielleicht sogar mit Lüge und Wahrheit, oder Feigheit und Mut. Und genau daran arbeiten wir im Unterricht. Bei mir ist das Loslassen gerade zu einer kleinen Obsession geworden. Gestern früh habe ich der schönen Bäckerin im Laden unten neben meiner WG endlich gesagt, dass ich sie schön finde. Das habe ich seit meinem Umzug schon gewollt und es aus tausend Gründen immer wieder nicht gemacht, denn klar, eine klare Ansage gibt eine klare Antwort und da ist man schnell der Depp. Aber sie hat gelacht und jetzt habe ich in meiner Tasche einen Zettel mit ihrer Telefonnummer. Geil." Lutz

Hoher Betrag - Umso mehr es in deinem Spiel geht, je konsequenter du dich motivierst, je höher dein Einsatz ist, desto spannender wird dein Spiel. Tu nicht so „als ob", spiele mit Echt-Geld, mehr noch, verschärfe den Konflikt mittels deiner Vorstellungskraft und dir werden ungeahnte Kräfte und Möglichkeiten zuwachsen! In Las Vegas kam es in den neunziger Jahren zu einem Boxkampf, der eine besondere Spannung versprach. Die Rollen waren klar verteilt. Ein ehemaliger afroamerikanischer Champion, der schon auf die fünfzig zuging und seinen Zenit lange überschritten, aber überraschend ein Comeback geschafft hatte, sollte gegen einen jungen, sehr veranlagten europäischen Boxer, dem die Fachwelt eine Menge zutraute, um einen vakanten WM-Gürtel kämpfen. Für den älteren sprach seine Schlaggewalt, für den Jüngeren sein herausragendes technisches Talent, seine gute Beweglichkeit und seine viel bessere Kondition. Er war ausgezeichnet ausgebildet worden, und obwohl in Amerika, weil wenig bekannt, als Außenseiter bewertet, traute man ihm einen Sieg gegen seinen viel erfahreneren Gegner zu. Doch er verlor den Kampf umstritten nach Punkten und wenn die Geschichte stimmt, verlor er ihn vielleicht bereits, bevor überhaupt der Gong zur ersten Runde ertönte. Denn während er in der üblichen Pressekonferenz vor dem Kampf seinen Gegner lobte und bekannte, dass er stolz und aufgeregt sei, gegen einen so verdienten und bekannten Ex-Weltmeister in den USA, es war sein erster Boxkampf in Amerika, boxen zu dürfen, würdigte ihn der ältere keines Blicks und brummte nur: „Dieses Weißbrot neben mir will also meinen Kindern das Essen wegnehmen. Das ist sehr leichtsinnig. Das macht mich ärgerlich." Der alte Champion war natürlich kein Rassist, im Gegenteil, er war nach Beendigung seiner ersten Kariere Pfarrer einer christlichen Gemeinde in Texas geworden und hatte dort ein Waisenhaus aufgebaut. Er war sicher auch bereits mehrfacher Millionär. Es bestand also keine Notwendigkeit, die Siegergage zu kassieren, um seiner Familie ein gutes Leben zu sichern. Aber der alte Fuchs war ein erfahrener Spieler! Er wusste, dass er sich in einer besonderer Weise motivieren musste, dass er den Betrag, um den es in diesem Kampf gehen würde, mittels seiner Vorstellungskraft extrem überhöhen musste, um gegen den jüngeren Herausforderer eine Chance zu haben. Und so gelang es ihm, in der letzten Runde des Kampfs sogar die saubere Viererkombination, die der Jüngere an sein Kinn brachte, zu überstehen. Er wankte kurz, aber vielleicht, weil er sich in diesem Augenblick auf den

Schlachtfeldern der amerikanischen Bürgerkriege sah oder an den Compensated-Emancipation-Act von Abraham Lincoln dachte oder Martin Luther King neben sich spürte, fiel er nicht und wurde zwanzig Jahre nach seinem ersten Titel erneut Weltmeister im Schwergewicht. Was du als Schauspieler daraus lernen kannst, ist, dass dein Spiel bereits vor deinem ersten Schritt in die Szene beginnt. Es beginnt in deinem Kopf, mit deiner Vorbereitung. Es ist für den Dozenten und für den Regisseur viel leichter, aus einem Überangebot durch Reduktion das geeignete Material auszuwählen, als einer „Mumie" Leben einhauchen zu müssen. Du musst bereit sein, in deiner Vorbereitung auf das Spiel aus deiner bürgerlichen Regulation herauszutreten. Hermann Hesse beschrieb diese Regulation in seinem „Steppenwolf: „Der Bürger... schätzt nichts höher als das Ich (ein rudimentär entwickeltes Ich allerdings)... Nie wird er sich aufgeben, sich hingeben, weder dem Rausch noch der Askese... Unbedingtheit ist ihm unerträglich... Auf Kosten der Intensität erreicht er ... Sicherheit, statt Gottbesessenheit erntet er Gewissensruhe, statt Lust Behagen, statt Freiheit Bequemlichkeit, statt Glut eine angenehme Temperatur."

Regulation und Deregulation - Das Interesse am Schauspielerberuf entspringt der Wahrnehmung vom eigenen energetischen Anders-Sein im Verhältnis zur Umwelt. Im Schauspielstudium wird damit zweigleisig gearbeitet. Die erste Aufgabe besteht darin, deine mitgebrachte Deregulation zu verschärfen, stetig zu ergänzen, jedwede Grenze in einem geschützten Raum auszutesten und wenn möglich zu überschreiten, um deine Mittel und deine Klaviatur zu erweitern, und somit deine künstlerische Individualität auszuformen. Die zweite - scheinbar widersprüchliche - Aufgabe stellt die Regulation deiner Persönlichkeit dar, das „Ins-eigene-Zentrum-Finden". Aus diesem Zentrum sollst du dann, wenn es die zu spielende Rolle erfordert, mittels des erlernten schauspielerischen Handwerkes, deiner Vorstellungskraft und deiner Fantasie im Interesse deiner Kunst wieder kontrolliert in die Deregulation gehen lernen. Die Fähigkeit zur Regulation ist wichtig, denn du willst gesund und in die Gemeinschaft eingebunden bleiben, so weit als zum Überleben nötig. Du brauchst dein Publikum, genauso wie es dich braucht, denn „ ...in der Tat beruht die vitale Kraft des Bürgertums keineswegs auf den Eigenschaften seiner normalen Mitglieder, sondern auf denen der außerordentlich zahlreichen Outsider, die es infolge der Verschwommenheit und Dehnbarkeit seiner Ideale mit zu umschlingen vermag. Es lebt im Bürgertum stets eine große Menge von starken und wilden Naturen mit... Weit über das dem Bürger mögliche Maß hinaus zum Individuum entwickelt." (Steppenwolf) Um für dich eine lebbare Balance zwischen Deregulation und Regulation zu finden, um deine Andersartigkeit zu einem Pfund machen zu können, benötigst du neben deinem Mut, deinen mitgebrachten außergewöhnlichen emotionalen Fähigkeiten und deiner besonders entwickelten Wahrnehmungsbereitschaft viel Disziplin und einiges an konkretem Wissen.

Disziplin - Wenn man machen möchte, was man will, braucht man Disziplin. Sonst macht man, was andere wollen. Von solchen Angeboten ist die Welt voll. Am Beginn steht die Begeisterung und am Ende die Disziplin.

Konkretheit - Wer wenig weiß, muss viel glauben und ist dadurch in seinem Spiel mehr oder weniger auf eine vage Nachahmung angewiesen. Auch Halbbildung führt in eine solche Sklaverei und deshalb gibt es etliche Beobachtungsübungen in der Schauspielerausbildung. Sich das Fremde zum Eigenen machen zu können ist unverzichtbares Handwerkszeug. Legendär ist, wenn die Geschichte stimmt, die Episode einer Aufführung von Volker Brauns „Die Kipper". Dieses Stück, das die Geschichte des Anarchisten und Träumers Paul Bauch in der Kulisse eines DDR-Braunkohle-Tagebaus erzählt, wurde einmal vor Arbeitskollektiven aus einem echten nahen Tagebau aufgeführt und nach einer halben Stunde hielt es einer der Bergleute im Publikum nicht mehr aus und rief Richtung Bühne einem Schauspieler zu: „Mensch, du hältst die ganze Zeit den Hammer falsch, du Idiot!" Er erzeugte damit im Saal ein großes Gelächter, denn alle anderen hatten das ebenfalls bemerkt. Durch eine ungenaue Nachahmung, deren Ursache eine ungenaue Beobachtung war, geriet der Schauspieler in Gefahr, in den Augen seiner Zuschauer seine eigene Arbeit zu diskreditieren. Der Schauspieler reagierte allerdings in diesem Fall großartig. Er unterbrach sein Spiel, ging von der Bühne in den Saal und ließ sich von dem Rufer erklären, wie und warum ein Berghammer so und so gehalten werden müsse. Dann ging er zur Bühne zurück und spielte mit seinen Kollegen weiter. Die Zuschauer waren von der Bereitschaft des Schauspielers von ihnen zu lernen so beeindruckt, dass sie ihm am Schluss dafür einen besonderen Beifall spendeten. Sie fühlten sich ernst genommen. Öffentliche Berufe sind riskant. Sorgfalt und Konkretheit sind bei ihrer Ausübung unabdinglich, denn unter den Zuschauern sitzen auch Fachleute. Es ist schwierig vom Leben zu erzählen ohne es genau zu kennen.

„Ich war damals echt fertig und mir wurde gesagt: „Du hättest eigentlich noch was anderes machen müssen vor der Schauspielschule. Reisen, arbeiten, das Leben kennen lernen. Du bist einfach noch zu jung, du bist zu früh hier. Deswegen ist das alles gerade ein bisschen zu viel für dich." Ja schön, das hätte man mir ja auch mal früher sagen können. Aber zum Glück kam dann noch: „Aber wenn wir dich nicht genommen hätten, dann hätte dich eine andere Schule genommen, du bist begabt und

das ist eine Verpflichtung, also mach weiter.“ Ja gut, gerne, aber wie sollte ich das tun, dachte ich und da sagte mein Professor: „Mach mal das Gegenteil von dem, was du normalerweise machen würdest, vielleicht ist das gut.“ Und das habe ich dann auch gemacht. Ich fuhr in den Ferien nicht wie sonst mit meiner Familie in unser Haus nach Frankreich, sondern lief zwei Monate allein durch Polen und Litauen. Ich traf dabei auf einen anderen Landstreicher und der brachte mir ein bisschen Gitarre spielen bei. Dann arbeitete ich zwei Wochen auf einem Schlachthof und lernte dabei halbwegs Wodka trinken. Ich ging in die bösen Kneipen, ich lernte Mädchen kennen, wenn sie mir gefielen. Ich ging in Kirchen, besichtigte die Ruinen des letzten Weltkrieges. Ich ließ mir die Haare lang wachsen. Ich übernachtete an der Ostsee unter freiem Himmel und ich begriff, vielleicht weil ich der Sprachen nicht wirklich mächtig war, dass unter allem noch etwas Weiteres verborgen sein kann. Ich machte mit dem Bekanntschaft, was wir im Studium Untertext nannten und begriff, dass die Kommunikation zwischen uns Menschen noch eine ganz andere, eine Tiefendimension besitzt. Ich lernte sozusagen auf die Zeichen zu achten. Als das Studium wieder losging, kam ich gerade noch rechtzeitig zurück. Ich war ein anderer geworden und als wir uns auf dem Flur wieder begegneten, blieb mein Lehrer vor mir stehen und fasste meine Schultern. Er musterte mich und sagte: „Schön dich zu sehen. Du siehst aus, als hättest du einen guten Sommer gehabt.“ Und ich, ich nickte nur und sagte: „Ja, hatte ich.“ Und er sagte: „Na dann. Los geht's.“ Und dann ging es los.“ Hannes

Untertext - Zeichne eine Tabelle und mach eine Strichliste. Ein Strich kommt in die erste Spalte, wenn du genau das meinst, was gerade der

Wortsinn deiner Äußerung war. In die zweite Spalte machst du bitte einen Strich, wenn du eigentlich mehr oder anderes, also von dem Wortsinn verschiedenes gemeint hast oder sogar das Gegenteil. Beobachte dich so den ganzen Tag. Du wirst erstaunt sein, selten stimmen Wortsinn und der beabsichtigte Inhalt der artikulierten Botschaft eins zu eins überein. Genauso verhält es sich mit dem Text eines Stücks. Auch da lesen wir zunächst nur Worte. Was sie bedeuten, warum die Figuren sie sagen, wozu sie sie verwenden, was also ihre sich dahinter möglicherweise verbergenden Botschaften an den Partner sind, muss der Schauspieler selbst herausfinden. Das bedarf seiner Interpretation. Und vergiss nicht, jede Entäußerung hat eine Absicht, ob sie der Figur gerade bewusst ist oder nicht. Daraus entsteht dann der Gestus oder wie der Volksmund sagt: Der Ton macht die Musik.

Check in - Haltung? Atmung? Stimme? Artikulation? Gedanke? Absicht? Gestus!

Werktreue - Es ist fruchtlos, sich darüber Gedanken zu machen, was der Zuschauer denken wird, während er dein Spiel beobachtet. Die Geschichte, die du erzählst, wird unweigerlich von einer Metamorphose in die nächste geraten. Das, was vor dem geistigen Auge des Dichters entstand, wird schon vom Regisseur und dem Dramaturgen aus ihren jeweiligen Referenzrahmen heraus neu gedeutet und neu entwickelt. Und danach wird dieser neue Zugriff auf die Geschichte des Autors durch deine persönliche und artistische Verlebendigung als Schauspieler einer nächsten Deutung und Weiterverwandlung unterzogen. Doch auch du hast nicht das letzte Wort, denn alle diese Ich-Perspektiven, die des Autoren, des Dramaturgen, des Bühnen- und Kostümbildners, des Bühnenkomponisten und der Schauspieler enden in der individuellen Ich-Rezeption der Zuschauer. Du wirst

im ganzen Saal kaum zwei Zuschauer finden, die exakt das gleiche Stück gesehen haben und in denen exakt die gleichen Gedanken und Empfindungen beim Zusehen geweckt wurden.
In einer Rezension zu einer Sebastian-Hartmann-Inszenierung in Leipzig hat der Kritiker Hans-Dieter Schütt den freien Zugriff des Theaters auf den Text eines Autoren einmal so verteidigt: „Jeder Dichtersatz hat zahllose Untertexte: In jedem deutenden Kopf werden die Geschichten neu zusammengesetzt. Alles ist Auslegung, wer fürs Theater arbeitet, arbeitet für den fortwährenden Wechsel der Perspektiven. Wem sollte ein Werk denn treu sein? Theater ist Hexenküche, durch die der gute Dichter durch muss. Nicht heil, sondern heutig“.

„Unsere Zeitgenossenschaft. Dieses gemeinsam Miteinander-eins-im-Heute-und-im-Augenblick-Sein, das oft zwischen uns Spielern in der Arbeit entsteht, ist immer wieder sehr befriedigend für mich. Die wenigen Kollegen, die sich da ausklinken und gleichgültig bleiben, sind für mich immer irritierend und eine Enttäuschung. Hamlet verlangt doch auch von seinen Schauspielern: Ihr sollt ein Spiegel sein der Zeit!“ Gustaf

Liebe, Hass und Gleichgültigkeit - Das Gegenteil von Liebe ist nicht der Hass. Das wird bei der Erarbeitung von Rollen oft missverstanden. Das Gegenteil von Liebe und Hass ist die Gleichgültigkeit. Entweder habe ich ein Gefühl oder eben keines. Hat die Figur den Zustand des Glücks verloren, gewinnt sie den Schmerz, oder umgekehrt. Insofern ist nach dem Glück das zweitbeste im Leben das Unglück. Auf der Bühne ist beides sogar gleichwertig, denn beides treibt die Figuren zum Handeln! Der Glückliche will seine Situation verteidigen, der Unglückliche seine Lage verbessern. Der um sein künftiges

Glück Kämpfende ist für Schauspieler sogar oft die dankbarere Rolle. Fiebern wir nicht mit dem Safe-Knacker in einer Kriminalkomödie mit? Gönnen wir ihm die gestohlenen Diamanten nicht von Herzen? Bewundern wir nicht den Aufrührer gegen das Schicksal und beneiden wir ihn nicht um seinen verzweifelten Mut? Das unser Held am Ende meistens doch gefasst wird, ist nur dazu da, dass die Zipfelmützen nach der Vorstellung wieder beruhigt ins Bett gehen können. Es droht (noch) keine Gefahr. Der Fortgang der Geschichte wurde noch einmal aufgehalten. Alles bleibt wie es ist. Bis zum nächsten Versuch.

Drehpunkt - Selbsterarbeitete Soloetüde. Britta spielt eine junge Frau. Die junge Frau kommt mit einer Tüte in ihre Wohnung. Auf der Tüte steht „I love Sushi". Offensichtlich freut sie sich auf das, was kommt. Sie deckt fröhlich den Tisch und breitet ihre Mitbringsel darauf aus. Rote Kerzen, etwas zum Essen, eine Flasche Wein, einen Schokoladenweihnachtsmann. Aha, es ist Weihnachtszeit. Sie macht Musik an und setzt sich. Nach einer Weile holt sie ihr Handy und tippt eine Nachricht. Sie sendet sie mit einem fröhlichen Gekicher ab. Sie wartet. Plötzlich brummt ihr Telefon. Eine SMS ist angekommen. Die junge Frau liest sie. Offensichtlich versteht sie nicht gleich, was dort steht. Dann steht sie mit dem Handy in der Hand auf und geht suchend durch das Zimmer. Immer wieder sieht sie dabei auf das Handy, um sich zu vergewissern und schließlich findet sie einen in einem Schrank für sie versteckten Brief. Sie setzt sich an der Wand auf die Erde und liest den Brief. Sie begreift nicht sofort, was sie liest. Immer wieder liest sie die wenigen Zeilen. Ihr Hals und ihr Gesicht werden rot, schließlich fällt ihr der Brief aus der Hand und sie fängt lautlos an zu weinen. Nach mehreren tiefen Atemzügen verwandelt sich ihre Energie in Wut. Sie steht auf und brüllt: „Scheiße! Scheiße! Du Arschloch!" Das tut ihr gut. Sie nimmt das Handy und schreibt.

Danach atmet sie tief durch, stellt die Musik ab und räumt das vorbereitete Arrangement zurück in die Tüte. Nur der Brief liegt noch auf dem Tisch. Ihr Telefon brummt. Sie hat eine Antwort bekommen, die sie befriedigt registriert. Sie setzt sich an den Tisch und blickt zur Tür. Ihr Körper ist wach, ihr Blick konzentriert. Die junge Frau stellt sich der neuen Situation. Sie ist bereit für die bevorstehende Auseinandersetzung.

„Der Schritt in die Klarheit, in die konkrete Wahrnehmung und das gleichzeitige Verlassen des Allgemeinen, des Rauschs, ist schockierend. Da ist plötzlich so viel Schönheit. Ich erinnere mich, wie ich mit neunzehn entdeckt habe, dass man beim Sex auch das Gesicht des Mädchens sieht. Das war extrem irritierend. Ich war durch viele Pornos darauf orientiert, nur die Geschlechtsorgane zu sehen. Das hat mich erregt und plötzlich geriet etwas ganz und gar anderes in mein Blickfeld. Das machte mich beim ersten Mal kurzfristig impotent. Wenn ich heute ein Stück lese und sich dann durch unsere Probenarbeit langsam die Figuren herausschälen und sie sich Stück für Stück zum ersten Mal vor uns in ihrer Schönheit entblättern, überfällt mich immer noch die gleiche Faszination und ich muss gucken und gucken und kann mich gar nicht sattsehen." Folker

Das „Erste Mal" - Verzaubernd. Prägend. Das erste Mal gewinnen, die erste Niederlage, der erste Verlust, das erste Mal küssen, der erste Sex, die erste Wahrnehmung des Todes. Greif zu und lass dich erschüttern. Und habe auch auf der Probe den Mut zum „Ersten Mal". Löse dich von allen Bedenken und unterbrich deine Routine. Dazu ist das radikale Umdeuten deiner Ängste erforderlich. Handle!

„Ich war noch ein Anfänger, als eine großartige und erfahrene Kollegin neben mir auf der Seitenbühne im Schauspielhaus stand - sie spielte die Shen Te - und mit mir auf ihren Auftritt wartete. Da sagte sie plötzlich zu mir: „Simon, weißt du, jedes Mal denke ich, irgendwann kommen sie darauf, dass ich nichts kann.“ Und dann ging sie raus und war umwerfend. Ich habe sie überhaupt niemals schlecht gesehen. Sie war ein Schauspiel-Vollblut in ihrem Mut und in ihrer Angst.“ Simon

Befreiung - Selbsterarbeitete Soloetüde. Hannes spielt einen etwas schüchtern wirkenden jungen Mann. Der junge Mann hat einen Strohhut auf dem Kopf und trägt ein Handtuch unter dem Arm. Offensichtlich kommt er gerade an einen Strand. Dieser Vorgang hat keine Routine, er genießt die Situation in einer etwas unbeholfen wirkenden Weise. Er legt das Handtuch ab, breitet es pedantisch akkurat aus und zieht sein etwas lächerlich wirkendes Hawaii-Hemd aus. Doch bevor er ins Wasser gehen kann, klingelt sein Telefon. Er sieht auf sein Handy und sein ganzer Körper rutscht etwas zusammen, denn es ist sein Vater. In dem nun folgenden Telefonat erfahren wir, dass sein Vater auch gleichzeitig sein Chef in der familieneigenen Firma ist und ihm befiehlt, sofort zurückzukommen, weil er einen Fehler gemacht habe. Bevor der Sohn etwas erwidern kann, stellt ihn der Vater zum Prokurator der Firma durch. Mit ihm soll sein Sohn seinen sofortigen Rückflug besprechen. Der junge Mann lässt sich aber wieder mit seinem Vater verbinden und bittet um Aufschub. Die Korrektur des Fehlers, den er einsehe, habe doch nicht diese Dringlichkeit und er sei zum ersten Mal mit Freunden in den Urlaub gefahren. Das sei ihm wichtig und die Auszeit dauere doch nur drei Tage. Während er seinem Vater erzählt, dass es noch ganz früh sei, seine Freunde noch im Hotel schliefen und er ganz allein am Strand wäre, während

er seinem Vater beschreibt, wie schön es hier sei, legt dieser auf. Der junge Mann setzt sich auf sein Handtuch. Er starrt aufs Meer hinaus. Sein Gesicht, sein Atem und sein Körper erzählen uns von dem Kampf, der in ihm stattfindet. Ein Stöhnen entringt sich seiner Brust. Schließlich gibt er auf. Der junge Mann erhebt sich, nimmt sein Handtuch und sein Hemd und schleicht mit dem körperlichen Habitus eines Geschlagenen traurig davon. Er ist noch nicht mal ins Wasser gegangen und er sieht sich auch nicht mehr um.
So beendete Hannes sein erstes Spielangebot, doch er war danach sehr unzufrieden. Die Geschichte war zwar gut und schlüssig, aber eigentlich nichts Besonderes und er habe sich in seiner Figur im Grunde wieder nur so verhalten, wie er es auch privat tue. Er habe keine Lust mehr, an seinem Vater - der im echten Leben auch ein strenger Mensch war und viele Prinzipien vor sich herschob - zu scheitern. Er wolle nochmal ein anderes Ende seiner Geschichte improvisieren. Hannes stieg also an der Stelle wieder in die Szene ein, als sein Vater ihn zum Prokurator durchstellt, um die Modalitäten der sofortigen Rückreise zu klären. Der junge Mann ist diesmal erregter als vorher. Er hat mehr Mut, die Demütigung durch den Vater wahrzunehmen und entwickelt dadurch mehr Energie. Während des folgenden Telefonats läuft er auf und ab. Als er den Vater nach dem Zurückstellen durch den Prokurator wieder in der Leitung hat, ergreift er sofort energisch das Wort und als der Vater ihn wieder unterbrechen will, wird er sogar laut: „Nein! Jetzt hörst du mir bitte zu! Ich bin nicht mehr fünf, ich bin erwachsen und ich habe Folgendes entschieden. Ich werde noch bis Montag hierbleiben. Das habe ich mir verdient. Dann komme ich einen Tag eher zurück und werde die Probleme lösen. Das ist ausreichend und ich erwarte jetzt, dass du das akzeptierst. Grüß die Mutter von mir und sage ihr bitte, es ist sehr schön hier. Mach es gut Vater, bis Montag.“ Diesmal beendet er selbst das Gespräch. Der junge Mann

bleibt stehen. Er atmet heftig und sieht auf sein Handy, aber es bleibt still. Dann entspannt sich sein ganzer Körper. Er sieht zum ersten Mal wieder Richtung Meer. Er lächelt etwas skeptisch. Er wirft das Telefon auf das Handtuch und geht langsam zwei Schritte in Richtung des Wassers. Dann bleibt er erneut stehen. Er sieht sich um. Plötzlich zieht er auch noch seine Badehose aus, es ist ein symbolischer Akt seiner Befreiung. Er lacht, hüpft auf und ab und schreit: „Jaaaaaaa!“ Dann rennt er nackt Richtung Wasser und stürzt sich in die Fluten.

„Ich bin wohl eigentlich mehr ein Kopfmensch. Aber durch den Schauspielunterricht begriff ich langsam, dass Selbsterfahrung nicht heißt, rationale Einsichten zu sammeln, sondern sich emotional und sinnlich einzulassen. Sich emotional bewegen zu lassen, durchlässiger zu werden und dadurch in Bewegung zu kommen. Um neue Erfahrungen zu machen, muss man also mit sich experimentieren, also ist auch Verunsicherung etwas Positives. Das war mir neu. Durch dieses Begreifen fühlte sich sofort alles ganz anders an und plötzlich wurde vieles möglich, was vorher undenkbar war.” Olga

Kleiner Kniff - Denke: Ich werde jetzt mal mit dir spielen und dann sage ich den Satz so und so. Das kann eine interessante Erkenntnis bringen. Erstens hört man sich dann selber besser zu, zweitens kann man diese Haltung für die zu spielende Figur unverbindlicher ausprobieren und drittens ermöglicht diese Überraschung deinem Spielpartner vielleicht eine neue Emotion, die wiederum in einer für dein Spiel spannenden und animierenden Reaktion mündet.

Emotionen: Die Währung des Lebens - Ein Satzanfang, den wir in vielen Traueranzeigen finden, wahrscheinlich, weil er den

Hinterbliebenen den einzig möglichen Trost verspricht und das einzig mögliche Einverständnis mit dem Tod anzeigt, lautet: „Nach einem bewegten und erfüllten Leben ist Herr X von uns gegangen." Bewegung gilt uns als die Erfüllung des Lebens! Und da wir wissen, dass Motion Bewegung bedeutet und innerliche Bewegung das gleiche ist wie E-Motion, erfahren wir durch diese Nachricht: „Er hat gefühlt. Wir brauchen Herrn X also nicht zu bedauern." Emotionen scheinen uns oft das Vergänglichste von allem zu sein. Sie sind aber doch das Nachhaltigste. Sie sind die wirkliche Währung des Lebens.

Dein Herz, sein Schlag, dein Rhythmus - Seitdem dein Herz angefangen hat zu schlagen, bestimmt der Rhythmus deine körperliche und spirituelle Existenz. Er hat dabei sogar einen übergeordneten Stellenwert in Bezug auf deine Grundbedürfnisse, denn atmen, Nahrungsaufnahme, Schlaf und Sexualität sind ihm unterworfen. In ihm steckt die tiefe Weisheit der Zyklenhaftigkeit allen Seins und das Wissen um Anfang und Ende. Er ist der Vater der Zeit. Schon die kleinen Mädchen skandieren beim Seilspringen jeweils zum Abschlag des Seils: „Vater, Vater, ich bin krank. Ruf den Doktor Wurzeltrank. - Guter Doktor, sterbe ich? - Ja, mein Kind, du dauerst mich. - Wie viele Rappen ziehen meine Wagen? - Eins, zwei, drei, vier..." Der Mensch ist ein Wesen, das nicht nur ist, sondern sich auch hat. Im Gegensatz zum Tier hat er so auch ein instrumentelles Verhältnis zu sich selbst. Er sucht über seine Grundbedürfnisse hinaus, besonders wenn er spielt, in sich selbst seinen eigenen und im Zusammenspiel mit anderen einen gemeinsamen Rhythmus. Wir kennen das zum Beispiel aus unzähligen Sportreportagen. Eine typische Schilderung für das gelungene Spiel oder den unabwendbaren Sieg lautet: Sie hatten ihren Rhythmus gefunden und waren nicht mehr aufzuhalten.

Wiederholbarkeit und Aktualität - Die Schauspieler haben das Stück gelesen, durchgearbeitet, mit dem Text probiert und ihren Rhythmus gefunden. Sie kennen jeden Satz, den ihre Rollen gleich sprechen werden, auswendig. Die Figuren, die sie entwickelt haben, kennen diese Sätze aber nicht. Sie müssen sie in jedem Augenblick in der aktuellen Situation der Szene neu entstehen lassen, aktuell denken und empfinden. Dieses „Nicht-Vorwissen", dieses ständige „Aktuell-Wahrnehmen" und dieses „Immer-wieder-neu-Entwickeln" oder sogar „Auf-alles-gefasst-Sein" sind ganz besondere intellektuell-intuitive Fähigkeiten, ohne die der Schauspieler nicht arbeiten kann. Er wird sie Vorstellung für Vorstellung immer wieder aufs Neue benötigen. Um diese besondere Art der Wiederholbarkeit dreht sich alles. Sie ist das Geheimnis. Jeder Schauspieler spürt genau, ob er seinen Text nur aufsagt oder ob ihn seine Figur gerade aktuell und ganzheitlich zum ersten Mal entwickelt.

„Nach der Premiere, wo man immer so an den Lippen der Anderen hängt, sagte eine Dozentin zu mir: „Gut. Das war wirklich das Beste, was dir zur Zeit möglich ist." Sie lachte mich an und drückte mich, und ich war total enttäuscht und dachte: War ich schlecht? Hatte ich versagt? Wieso nur das Beste, was möglich ist? Ich hatte da immer so ein Idealbild von mir im Kopf. Die in ihrer Kindheit zu kurz gekommenen wollen eben später zu viel. Aber dann begann ich darüber nachzudenken, was sie wirklich gesagt hatte und begriff das Lob, das in ihren Worten steckte. Ich hatte mein Bestes gegeben, das stimmte; das Beste, was in meiner Entwicklungsphase möglich war und sie hatte genau das gesehen und gelobt. Mehr geht doch eigentlich überhaupt nicht! Und plötzlich war ich mit mir wieder völlig zufrieden. Ich wusste ja, dass es immer weitergehen würde und dass ich

nichts weiter zu tun bräuchte als immer wieder zu versuchen, mein Bestes zu geben." Alma

Das scharfe ABC - Aufnehmen, Bewerten, Entscheiden, Handeln. Werte, denke, handle scharf!

Wahrnehmung - Selbsterarbeitete Soloetüde. Udo tritt auf. Er spielt einen jungen, etwas abgerissen wirkenden Mann. Der junge Mann kommt in ein Zimmer und so, wie er sich auskennt, kann man davon ausgehen, dass es sein eigenes Zimmer ist. Er hält eine Weinflasche in der Hand. Er ist angetrunken. Seine Bewegungen sind unsicher. Er ist erregt und atmet heftig. Er ist verzweifelt. Er öffnet ein Fenster und beruhigt sich etwas. Er sieht hinaus. Dann dreht er sich um und holt von der gegenüberliegenden Wand eine Fotografie-Folge, die dort hängt. Sie zeigt Automaten-Selfies von ihm und einem Mädchen. Er betrachtet die Fotos lange. Dann zerreißt er sie langsam in kleine Schnipsel und lässt diese aus dem Fenster in die Tiefe rieseln. Er blickt ihnen nach, dann schwankt er zu einer Gitarre, die in der Ecke steht und klettert mit ihr, in der anderen Hand wieder die Weinflasche, auf das Fensterbrett. Seine Beine schwingt er dabei nach draußen. Das sieht gefährlich aus und ist es auch. Der junge Mann hält kurz inne und atmet tief durch. Sein Blick geht nach unten und zeigt eine beträchtliche Höhe an, doch er verzieht nur verächtlich den Mund zu einem schiefen Grinsen. Jetzt ist ihm alles egal. Er will dieses Drama. Er will mit dem Tod spielen; erst noch dieses Lied und dann, wer weiß, soll Schluss sein. Er trinkt den Wein aus und lässt die leere Flasche zwischen Daumen und Zeigfinger baumeln. Dann lässt er sie ebenfalls in die Tiefe fallen. Er beginnt auf der Gitarre zu spielen. Die Musik klingt traurig und manchmal etwas schief. Plötzlich hört er abrupt auf zu spielen, denn gerade als er anfangen wollte, auch noch zu singen, hört er plötzlich ein Geräusch. Es drängelt sich in seine Wahrnehmung. Irgendetwas knurrt. Und da, noch einmal! Er stöhnt auf, diese Wahrnehmung stört ihn. Doch in diesem Augenblick begreift er, es ist sein Magen, der sich da meldet. Es ist die Fresslust, die gern in allen alkoholgetränkten Gedärmen wohnt. Ihm wird bewusst, dass er unglaublichen Hunger hat. Er reibt sich irritiert und von dieser Erkenntnis völlig aus seinem inneren Film herausgerissen seinen Bauch. Der junge Mann klettert nun vorsichtig ins Zimmer zurück und verlässt den Raum. Als er kurz danach wieder hereinkommt, beißt er gerade in ein riesiges, wüst zusammengestelltes Sandwich. In der anderen Hand hält er eine Gabel und eine Fischbüchse. Er setzt sich an einen Tisch und isst gierig das Brot. Die Fischbüchse zu öffnen, bereitet ihm in seinem Zustand große Schwierigkeiten. Daraus wird fast eine Slapstick-Nummer. Er muss dafür seine ganze Konzentration aufbringen. Er braucht mehrere Versuche, bis es ihm gelingt, schließlich hat er es geschafft. Zufrieden sitzt er am Tisch und greift zur Gabel. Als er sich den ersten Bissen in den Mund stecken will, fällt sein Blick auf das offene Fenster. Er ist irritiert. Langsam kommt ihm die Erinnerung an das gerade gelebte Drama wieder. Er steht vorsichtig auf, geht zum Fenster. Er beugt sich etwas vor und blickt nach links und rechts und dann etwas länger nach unten. Er schließt das Fenster und kehrt zum Tisch zurück. Dort verharrt er einen Augenblick und lacht dann etwas beschämt in sich hinein. Dann beginnt er genussvoll den Fisch zu essen. Die kleinsten Anlässe sind oft die glaubhaftesten Auslöser entscheidender Wendungen.

„Ich beobachte die ganze Welt jetzt viel intensiver. Gestern habe ich eine uralte Frau in der Straßenbahn gesehen. Sie bemerkte schließlich, dass ich sie beobachtete und lächelte mich an. Sie sah mich an und lächelte und ich dachte: Wie kann man so lächeln, wenn man so lange gelebt hat?“ Damian

Das Theater als Tempel - Du sollst in deinem Studium schnell nachreifen und dann betreut altern. Ziel ist es, dass du dir eine Lebens-Kompetenz, die über deine eigene Biographie hinausreicht, erarbeitest. Um dann als Wirtstier sozusagen das Wissen um die schmerzhafte Lächerlichkeit und die grandiose Schönheit der menschlichen Existenz in dich aufzunehmen und diese Nachricht, zugleich Aufruhr und Versöhnung stiftend, gleich einem ansteckenden Virus allabendlich über die Rampe zu bringen. Die menschliche Gemeinschaft ahnt, dass es eine bestimmte Anzahl von solchen Überträgern braucht, um dieses Wissen, das uns erst Zivilisation ermöglicht zu erhalten. Deshalb schützt und bezahlt sie dich. „Kunst ist, hinter jedem Ding Gott zeigen...", schrieb Hermann Hesse oder „...was der Seele weh und gut tut", wie Peter Handke trefflich ergänzte. Jede Barbarei beginnt mit der Verbannung der Künstler und der Unterdrückung ihrer Fragen, dem Verbot ihrer Lieder, ihrer Filme und Theaterstücke. Der Verbrennung ihrer Bücher.

„Langsam und Stück für Stück begann ich die Probleme dieser Welt auch als meine eigenen zu begreifen. Und da sagte meine Mutter, als ich ihr davon erzählte, zu mir: „Hör jetzt bitte auf! Du schleppst deinen ekelhaften Krieg nicht in mein Haus!" Meinen Krieg? Ich glaube, wir haben uns hier alle an der Schule einen Orden verdient fürs Hinsehen. Kunst ist ein Produkt unserer Evolution. Sie dient der Stabilität der menschlichen Population. Also muss doch irgendjemand die Augen aufmachen, auch wenn es weh tut." Claire

Das Theater als Forschungslabor - Das ist auch eine Methode, von Assoziation zu Assoziation, von Benachbartem zu Nichtbenachbartem zu springen, alles Wissen und alle geeigneten Informationen zu sammeln. Auch Verwandtes aus der bildenden Kunst oder der Musik zusammenzuführen. Anfangs kann dich diese Fülle erschrecken und desorientierend wirken. Deine Aufgabe ist jetzt, das alles auf ein und dasselbe zu bringen, wie entlegen das Gebiet auch sein mag. Die Orientierung auf einen einzigen Gedanken - auf ein einendes Ziel im Sinne dessen, wovon du mit deinem Stück erzählen willst - ist jetzt der nächste Schritt. Du steigst gemeinsam mit deinen Partnern auf diesen Informationsberg, wo wieder frische Luft weht. Ihr sucht von dort eine Haltung, mit der ihr die ganze umgebende Welt und eure Stückgeschichte in ihr sehen könnt. Plötzlich wird sich alles zuordnen. Es fügt sich wie von selbst. Das ist immer wieder ein großartiger Augenblick. Alles passt wie in einem Puzzle zusammen und ihr wisst jetzt, was heute zu tun ist. „Wer wird wohl eher motiviert sein, über die Realität des Lebens in tiefes Nachdenken zu verfallen", fragte der berühmte Regisseur Sergej Eisenstein, „rundum zufriedene, angepasste Zeitgenossen oder Menschen, die aus eigenem Erleben die Schwachpunkte der Gegenwart erkennen? Einen wirklichen Anlass zur Verwandlung des eigenen Bewusstseins finden nur solche Menschen, die den Status quo für unzureichend, unwürdig oder ungerecht halten." Die Wahrnehmung solcher Umstände gehört zu deinem künstlerischen Handwerk. Nichts ist allerdings dabei unkreativer und gefährlicher, als der verbissene Kampf um die Aufrechterhaltung der eigenen Wirklichkeitssicht. Durch die Verweigerung der Widersprüchlichkeit und ständigen Dynamik des Lebens wurden selbst die wirkmächtigsten Ideen der Menschheit von solchen Verweigerern in ihrem Wesen zerstört. Jedes Dogma tötet.

Emanzipation und Handwerk - Ohne schauspielerisches Handwerk bleibst du fremd im Eigenen und auf Gebrauch durch andere angewiesen. Du bleibst Material, bestenfalls ein grundbegabter Darsteller, eine begnadete Marionette. Wenn dein Puppenspieler sein Handwerk versteht, schließt das einen temporären Erfolg keineswegs aus. Dann lerne beim Tun. Beobachte dich und andere bei der Arbeit. Arbeite an deinen Schwächen. Trainiere deine Fertigkeiten und mach die Praxis zu deinem Lehrmeister. Emanzipiere dich durch deine Erfahrungen.

„Ich arbeitete gerne aus dem Bauch, das ging auch immer super. Ich glaube, ich habe Methodik und Theorie lange regelrecht verweigert. Ich bin schnell im Kopf. Und hatte ich mal einen Hänger, habe ich eben improvisiert. Ich wusste ja schon im Groben, worum es ging. Und alle haben noch gestaunt. Als die Aufgaben dann wuchsen, kam ich aber ganz schön ins Schleudern. Ich dachte vorher immer, das ist alles ein Rausch, eine Party und plötzlich hieß es: Saure Arbeit, frohe Feste. Die Entdeckung der Sorgfalt war für mich unglaublich wichtig. Der Weg vom Zirkuspferd, das über jedes hingehaltene Stöckchen springt, zu einem, behaupte ich mal, strukturiert und organisiert wesentlich sein wollenden Schauspieler war eine große Sache für mich. Und heute bin ich froh darum. Sonst würde ich die vielen Aufgaben am Theater überhaupt nicht bewältigen können. Jetzt arbeite ich mit der nötigen Ruhe, aus meinem gesicherten Zentrum heraus und davon profitieren alle, nicht nur ich, sondern auch meine Spielpartner." Arved

Das Zentrum - Wenn wir uns den Anfänger je nach persönlichem Einstiegskontext in den Beruf aus der Hysterie oder der Aggression/ Depression, also in jedem Fall mehr oder weniger aufgeladen und aus einer Verkrampfung heraus startend vorstellen, und er dann zwischen diesen beiden Polen hin und her pendelt, so muss ihm dabei zunehmend bewusst werden, dass er im Pendeln immer auch an seinem

Zentrum - dem tiefsten Punkt der Pendelbewegung, dort wo das Pendel durch die Erdanziehung ohne Energiezufuhr zur Ruhe kommen würde - vorbeikommt. Wenn von ihm dieser Moment wahrgenommen werden kann (Heute war ich drin..., Es war gar nicht anstrengend..., Es ging von ganz alleine..., Es hat sich gerade so organisch angefühlt...), zeichnet sich eine gute erste Entwicklung ab. Diese Schwingungsbewegung hat die Form einer Schale und an ihrem tiefsten Punkt sitzen die ruhige Atmung, die gelöste Stimme, die gedankliche und emotionale Klarheit, eben das schauspielerische Zentrum. Im Idealfall startet der Schauspieler später von dort. Denn für ihn ist das Zentrum seiner Ich-Schale kein spannungsloser Zustand. Um zu einer wahrhaftigen und glaubwürdigen Entäußerung zu gelangen, muss er nun im Sinne seiner Figur organisiert - also organisch - aus diesem Zentrum heraus ins Pendeln einsteigen. Die spielerische Aufgabe, die Absicht seiner Figur muss ihn erregen. Sie darf ihn in Schwingung versetzen und aus dem Gleichgewicht bringen. Nicht die Aufgabe zu spielen an sich! Der energetische Aufwand sinkt durch das organische Produzieren aus dem Zentrum enorm. Plötzlich ist noch genügend Kraft für aktuelle Wahrnehmungen und Impulse übrig. Das Handlungstempo kann mühelos reguliert werden. Es entsteht der sogenannte Flow. Interessanterweise gibt es in diesem Modell noch eine zweite Möglichkeit. Nämlich wenn wir uns noch eine weitere Schale über unserer Ich-Schale vorstellen. Unser Pendel liegt nun vertikal im gleichen Abstand senkrecht über dem Drehpunkt des Pendels in einer Art Pseudo-Zentrum. Da die Schnur des Pendels in diesem Fall senkrecht nach oben spannt und den Anfänger so in das Zentrum seiner Über-Ich-Schale presst, ist diese Position sehr stabil. Aber sie ist auch starr. Es ist keine Bewegung möglich. Anfänger, die sich in diesem Über-Ich aufhalten, wirken ihrer selbst äußerlich meist sehr sicher. Sie verstehen sich oft als Kämpfer für wichtige

Überzeugungen und fühlen sich in ihrer Über-Ich-Schale wohl und sicher. Sie sind schwer erschütterbar und berufen sich bewusst oder unbewusst auf angelernte und später verinnerlichte Regeln und Normen. Sie zeigen sich Anregungen, diese Position auch mal zu verlassen, misstrauisch und wehrhaft gegenüber. Warum, liegt auf der Hand. Es kostet viel Kraft, sich da oben in diesem Krampf zu halten. Ein Loslassen, ein Sich-fallen-Lassen würde entsprechend den physikalischen Gesetzen eine enorme Energie freisetzen. Das kann natürlich extrem beängstigen. Studierende, die nach einiger Zeit genug Vertrauen schöpfen und sich aus dieser festgehaltenen Lage befreien, indem sie auf ihre bisherige Positionen verzichten und sich fallen lassen, erleben oft heftige Krisen. Ihr Pendel wird dann natürlich wie bei den anderen auch zwischen den beiden Polen Glücksrausch/Hysterie und Aggression/Depression hin und her schwingen, aber da viel mehr Energie angestaut war, erst langsam in seinem Zentrum in der unteren Ich-Schale zur Ruhe kommen. Was sie dabei erleben, wird allerdings - gut begleitet - ein wertvoller Erfahrungspool für ihre zukünftige schauspielerische Arbeit sein. Das Wissen um die gesamten dreihundertsechzig Winkelgrade wird ihnen, wenn sie den Weg des bekennenden Schauspielers wählen, besonders beim Aufschluss der selbstentfremdeten Anteile von Figuren enorm nützlich sein. Künstler, die diese komplette Runde gedreht und sich danach entschieden haben, trotzdem wieder aus einer Über-Ich-Schale, aber diesmal aus einer selbst erfundenen zu agieren, können ebenfalls eine besondere Überzeugungskraft entwickeln. Sie erfinden sich dort bewusst als Kunstfigur. Sie arbeiten dann mit einer eher artistischen Wahrhaftigkeit. Denken wir an Charlie Chaplin oder Louis de Funès. Es gibt auch Stücke, die eine ähnliche Herangehens- und Spielweise erfordern. Zum Beispiel das Absurde Theater.

„Das war seltsam. Diese Aufgabe konnte ich weder mit der mir zur Verfügung stehenden emotionalen Beweglichkeit noch mit der situativen Begeisterung, mit der ich so gerne arbeitete, lösen. Das Stück, das unser Dozent für uns rausgesucht hatte, erschien mir zu Beginn unserer Probenzeit erschreckend negativ, weltfremd und kalt. Ich war verwirrt. In mir entstand eine richtige Abwehrhaltung gegen das Material. Ich verstand diesen Beckett einfach nicht. Inzwischen hat sich mir aber durch unsere Arbeit eine Gedankenwelt eröffnet, die zur echten Durchdringung des Textes absolut notwendig ist und der Monolog des Lucky, den ich spiele, erscheint mir heute klar strukturiert, voll von großem Weltverständnis, sehr emotional und vor allem tief menschlich. Er ist geradezu übervoll von einer großen Zärtlichkeit für diese Welt und ihre undurchschaubaren Zusammenhänge. Ich fühle mich beim Sprechen des Textes wie ein Artist, unglaublich zentriert und doch voller Emotionen. Wenn ich jetzt zurückschaue, wundere ich mich, dass ich das spielerische Potential der Rolle am Anfang nicht von alleine bemerkt habe. Ich empfinde das Stück inzwischen als sehr lebensbejahend. Es stimmt mich tatsächlich von Tag zu Tag heiterer und mein Monolog ist inzwischen sogar für mich persönlich ein sehr befreiender Text geworden.“ Lotta

Magische Momente - Deine Schauspielkunst basiert auf zwei wesentlichen Säulen. Deiner Fähigkeit zur gedanklich-emotionalen Durchdringung von Stück und Rolle und der Umsetzungsfähigkeit deiner Intentionen durch deine entwickelten handwerklichen Fähigkeiten. Wenn wir uns das wie ein Säulendiagramm vorstellen, auf dem du - jeweils ein Fuß auf einer Säule - stehst, wirst du verstehen, dass immer in dem Augenblick, wo beide Säulen die gleiche Höhe erreicht haben, eine Harmonie zwischen Absicht und Können entsteht. Im Augenblick dieses Gleichgewichts entsteht in der Probe oder der Vorstellung ein Magischer Moment. Er wird dich zu einem außergewöhnlich glaubhaften Spiel tragen. Dein gerades Rückgrat ermöglicht dir, auf Bestätigung von außen zu verzichten. Du weiß, dass es stimmt. Deswegen kann auch ein Theaterabend von Laien oder Schülern einer Schultheatergruppe eine großartige authentische Wirkung erzielen, wenn sich die Spieler mit einem Thema beschäftigen, das sie mit ihrem Zugriff und ihren Fähigkeiten voll und ganz beglaubigen können. Hast du dieses Lernplateau, diesen Magischen Moment erreicht, kannst du dort allerdings nicht verweilen. Dieser Zustand ist nicht von Dauer. Die nächste Aufgabe, die nächste Rolle oder deine fortschreitende persönliche Entwicklung werden dich unweigerlich in die nächste Disharmonie führen. Entweder wird dich dein Erfolg begeistert den nächsten Schritt in die gedanklich-emotionalen Tiefen des Berufs gehen lassen und dabei musst du bald feststellen, dass zu ihrem Ausdruck auch neue handwerkliche Fähigkeiten notwendig sind oder umgekehrt, dein Erfolg führt dich übermütig in kapriziöse handwerkliche Spielereien und du merkst dann irgendwann, dass sie doch unbefriedigend sind, weil ihnen der Inhalt fehlt. Schauspielerische Arbeit ist ständige Krisenbewältigung von Level zu Level. Eine unendliche Entwicklung von Magischem Moment zu Magischem Moment. Sicher kann nicht jede Arbeit solche Momente hervorbringen. Manchmal muss man auch einfach nur Geld verdienen.

„Ich war mal einer der Leibwächter von Obama. Ja, echt, ich hatte als Student einmal einen kurzen Auftritt bei einer TV-Kabarettsendung als Bodyguard eines Obama-Doubles. Zweihundertfünfzig Euro der Dreh. Okay, dachte ich, warum nicht. Vorher hat der Regisseur ein bisschen mit mir geprobt und gesagt:

„Steh bitte nicht nur so rum." Er hat dabei mit seiner Hüfte gewackelt, also habe ich mir mal an einen imaginären Colt gegriffen und mal ans Ohr wegen des Sprechfunks. Er fand das gut. Als wir drehten, fragte er aber plötzlich: „Was machst du denn da an deinem Ohr?" Und ich sagte: „Na wegen dem Sprechfunk, das hatten wir doch so ausgemacht." Und er sagte daraufhin: „Ne du, lass das mal weg, das ist mir jetzt zu viel." Und dann stand ich eben wieder nur so rum wie am Anfang. Aber okay, dachte ich, immerhin für zweihundertfünfzig Glocken. Und als es vorbei war und ich mein Kostüm, einen superteuren Anzug von Boss pikobello ordentlich und auf Bügelfalte wieder zurückgab, war die Kostümfrau baff. Das war sie wohl nicht gewohnt und fragte: „Du kommst wohl vom Theater?" Draußen traf ich dann den Regisseur wieder und er entschuldigte sich, dass ich nur so rumstehen musste. Er sagte: „Weißt du, das ist doch bloß Unterhaltung. So ein bisschen Quatsch für den Abend. Ich mach das auch nur fürs Geld. Meine Kinder wollen ja auch mal studieren und so." Und da sagte ich zu ihm: „Okay, guck mal, in unserem Theater da genau gegenüber läuft gleich eine prima Inszenierung. „Buddenbrooks: Verfall einer Familie" nach Thomas Mann. Sehen wir sie uns doch gemeinsam an! Um ein bisschen Inhalte zu bunkern fürs nächste Mal." Aber er winkte nur ab und sagte: „Lass mal, Theater habe ich zu Hause schon genug." Und dann stieg er in seinen BMW und fuhr davon. Und ich schaute zur Werbewand meines Theaters und da stand ein Spruch von Schopenhauer. So was wie: „Theater gehört wie der morgendliche Blick in den Spiegel und das Zähneputzen zur menschlichen Hygiene." Und da sagte ich in Gedanken zu dem Typen in seinem BMW: „Boha, musst du stinken. So ein Seelengeruch. Du hast schon verdammt viel Speck auf deiner Seele, mein Freund.

Und frag mal deine Kinder. Ich habe so einen Verdacht, dass sie dir sagen würden, lass das sein, Papa." Und dann fasste ich mir an die eigene Nase." Luca

Welten - Der Einakter von Edward Albee „Die Zoogeschichte" handelt vom Aufeinandertreffen des bürgerlichen Familienvaters Peter - der auf einer Bank in einem Park wie immer nach der Arbeit ausspannen möchte - und dem sozial gescheiterten Jerry. Dieser nähert sich Peter und verwickelt ihn in ein Gespräch. Er beginnt ihm eine grausame Geschichte von einem Erlebnis mit einem noch elenderen Wesen, einem völlig gestörten Hund zu erzählen. Die Erzählung ist quasi ein Gleichnis seiner eigenen aussichtslosen Lebenslage. Peter versucht, sich auf sein Gegenüber einzulassen. Zwischen beiden entsteht eine Beziehung. Sie wechselt zwischen aufrichtiger Zuneigung und tiefer Abscheu ständig hin und her. Als Peter sich dieser seltsamen Begegnung entziehen will und erklärt, er müsse nach Hause, beginnt Jerry ihn körperlich zu attackieren. Das endet in einem Kampf um die Bank. Im Verlauf der Auseinandersetzung zieht Jerry ein Messer. Als er es fallen lässt und Peter es aufhebt, stürzt sich Jerry in dessen Klinge. Sterbend beendet er seine Geschichte von „Jerry und dem Hund". Er glaubt, Peter nun doch besiegt zu haben, weil dieser nie mehr auf dieser Bank sitzen könne, ohne an ihre Begegnung zu denken.
Dieses Stück wurde in einer Kurzfassung als Szenenstudium für zwei sensible junge Männer im Grundstudium ausgewählt. Beide waren sich bisher aus dem Weg gegangen und diese Arbeit wurde dann auch für alle Beteiligten eine echte Herausforderung. Sie nahm einen spannenden Verlauf. Die pädagogische Aufgabe war, dass jeder der Studenten genau die Rolle probieren sollte, die nicht vorrangig seiner eigenen biografischen Erlebniskompetenz entsprach. Beide machten sich mit Eifer an die Arbeit. Die Sprengkraft des Stücks und den Reiz

der Aufgabenstellung begriffen sie sofort. Das Material hatte - in vertauschten Rollen - einiges mit ihnen selbst zu tun. Von Anfang an war deshalb viel Pfeffer in der Luft. Beide bemühten sich dabei nach Kräften, die Schwächen und Fehlleistungen ihrer biografischen Gegenpartei herauszuarbeiten. Sie gerieten dabei geradezu in eine gehässige Bösartigkeit. Dabei geschah allerdings etwas Interessantes. Denn zunehmend unterbrachen sie sich gegenseitig, um den jeweils anderen auf Klischees und vermeintliche Fehler in seiner Rollenauffassung hinzuweisen. Sie begannen - ohne es selbst wahrzunehmen - immer mehr ihre Biografien statt ihre Rollen zu verteidigen. Die Probenintensität entwickelte sich enorm und schließlich passierte ihnen das Gleiche wie den Stückfiguren. Auch zwischen ihnen wechselten sich Zuneigung und Hass in rascher Folge ab und endlich mündete ein Szenendurchlauf während einer Abendprobe ebenfalls in gegenseitigen körperlichen Attacken. Die Prügelei endete erst, als beide erschöpft, keuchend und verschwitzt mit Tränen in den Augen am Boden lagen. Die Wucht dieser Eruption war enorm und löste logischerweise zugleich die nächste Phase dieser Arbeit aus. Die echte Annäherung. Beide Studenten hatten sich gegenseitig ihre Panzer zerschlagen. Nach einer Weile standen sie etwas unbeholfen und beschämt auf, umarmten sich lange und begannen sich gegenseitig von den persönlichen Verletzungen, die sie - gerade im Bezug auf ihre sozialen Biografien - erlebt hatten, zu erzählen. Dieses Erlebnis, das mit mehreren Bieren und einigen Zigaretten zu Ende ging, brachte die Wende. Schließlich wurde ein Experiment verabredet. Es wurde beschlossen, auf der Basis des Gearbeiteten die Rollen zu tauschen. Und das Ergebnis war verblüffend. Die Zärtlichkeit, mit der sie in ihre neuen Rollen einstiegen, ohne die durch den anderen erarbeitete Kritik an den Figuren und ihrem Handeln aufzugeben, erzeugte ein Spiel, das weit über dem geforderten Niveau lag. Mit der von beiden letztendlich gemeinsam provozierten Auseinandersetzung und der nachfolgenden Öffnung hatten sich die beiden eine extrem intensive und lebendige Partnerbeziehung von großer Stabilität erkämpft. Das Vorspiel der Jungs wurde für beide ein beachtlicher Erfolg. Das Ergebnis war so außergewöhnlich, dass das Szenenstudium in den Ferien in zusätzlicher und freiwilliger Arbeit um alle noch fehlenden Stückteile ergänzt und als komplette Inszenierung in den Spielplan eines Stadttheaters übernommen wurde. Dort haben die beiden dann mit ihrer „Zoogeschichte" sogar die Spielzeit eröffnet und eine ganze Saison lang noch mehrmals erfolgreich ihre Geschichte von Peter, Jerry und dem Hund erzählt.

Trost - Nichts ist gewöhnlicher, als der Wunsch außergewöhnlich zu sein. Übe, mit Zärtlichkeit und Nachsicht auf das Nichtgelingen solcher Träume zu schauen. In Erwin Strittmatters großartiger Trilogie „Der Laden" tröstet sich Lenchen, die Betreiberin eines Lausitzer Kramladens mit „Ich hoab ja ooch immer Seeltänzern wern gewollt", wenn ein kleiner Zirkus ins Dorf kommt und vergisst für einen Augenblick, dass sie, ihrer Hühneraugen wegen, hinkt.

„Ich bin ein Landei und in einem sehr stillen Dorf aufgewachsen. Wenn es uns zu heiß wurde, haben die Lehrer im Sommer immer ein Fenster aufgemacht und vor der Schule war eine große Weide mit Pferden. Ich hörte sie wiehern und, oh ja, ich beneidete sie damals um ihre Freiheit. Ich beneidete sie aber auch um ihre Beschränktheit. Sie kannten nur den Augenblick. Sie waren ohne Angst und wussten nichts von irgendeiner Zukunft, von guten Noten und den Erwartungen meiner Eltern. Damals hätte ich gern mit ihnen getauscht. Als ich kürzlich im Fernsehen einen Bericht über ein Hochwasser sah - ein Fluss war über seine

Ufer getreten und hatte sehr viel Land überschwemmt - zoomte die Kamera plötzlich auf eine Hütte mit einem begrünten Flachdach mitten in diesem Meer. Und da sah ich drei Pferde, die sich irgendwie auf dieses Dach gerettet hatten. Sie standen da oben auf dem Dach und grasten friedlich. Und um sie herum tobte der Untergang. Da habe ich wieder an das Wiehern aus meiner Schulzeit denken müssen. Und als ich dann mit meinem Fahrrad durch den tobenden Feierabendverkehr der Stadt, in der ich jetzt lebe und spiele, zu meiner Vorstellung radelte und in die stille Garderobe des Theaters kam und so vor meinem Spiegel saß, dachte ich: Du hast es doch tatsächlich geschafft. Das gibt's doch nicht. Du hast dich gerettet und bist entkommen. Du bist tatsächlich ein Pferd geworden.“ Wolf

Kein Entkommen - Tycho Brahe, ein dänischer Astronom des 16. Jahrhunderts erstellte die größte und genaueste Sammlung von astronomischen Messdaten seiner Zeit. Er beobachtete als erster eine Supernova und beschrieb als erster die Kometen als Himmelskörper. Er wusste daher, dass das Heliozentrische Weltbild von Kopernikus, das die Sonne statt der Erde ins Zentrum unseres Planetensystems stellte, zutreffend sein musste. Doch er schwieg. Er vererbte seine Daten seinem Schüler Keppler und überließ es ihm, nach seinem Tod mit diesen Daten die Richtigkeit von Kopernikus Ideen mathematisch zu beweisen. Brahe fürchtete die althergebrachte Ordnung der Unveränderlichkeit des Himmels, die von den damals Mächtigen auch als Abbild irdischer Hierarchien gedeutet wurde, in Frage zu stellen. Und so starb er auch. Bei einem Festbankett am Hof von Prag widerstand er, wenn die Geschichte stimmt, aus Gründen der Etikette, denn niemand erhebt sich von der Tafel vor dem Kaiser, so lange seinem Harndrang, bis ihm seine Blase platzte. Die Taktik, sich selbst zu verleugnen, um ein gesellschaftlich anerkanntes Leben führen zu können und nicht mit dem Scheiterhaufen bedroht zu werden, wie sein Kollege Galilei, hat Brahe am Ende nichts genutzt. Er starb trotzdem einen sehr schmerzhaften Tod. Was das mit Künstlern zu tun hat? Alles. Es gibt vor sich selbst kein Entkommen, das der eigenen Gesundheit nicht abträglich wäre.

„Ich kann nicht anders. Ich glaube an die Liebe, die Vernunft und die Moral im Menschen. Ich bin dafür früher oft ausgelacht worden. Ich galt als Spinner. In Buchenwald, habe ich gelesen, kommt es immer wieder vor, dass die Asche von heute verstorbenen ehemaligen Häftlingen auf ihren Wunsch hin von ihren Hinterbliebenen heimlich auf dem Lagergelände verstreut wird. Weil sie glauben, nur bei ihren ermordeten Leidensgenossen wirklich ihre letzte Ruhe finden zu können. Ich merke beim Spielen, wenn ich an solche extremen Geschichten denke, wie meine Empfindungen plötzlich einen zusätzlichen Wert erhalten. Wie es in mir kribbelt und wie sich meine Traurigkeit in eine große Kraft und Zärtlichkeit für alles verwandelt. Und dann sehe ich damit meinen Spielpartnern in die Augen und sehe, dass die gerade auch so ihren Film schieben. Da reicht ein Blick und da ist dann so ein Wissen, so ein gegenseitiges Einverständnis. Wir erkennen uns, ohne dass ein Wort fällt." Aaron

Vom Zusammentreffen der Erfahrungen - Schauspielschulen sind ungewöhnliche Orte. Hier treffen junge Menschen aus den unterschiedlichsten sozialen Biotopen aufeinander. Sie geben sich im Verlauf des Studiums gegenseitig zu erkennen und stellen fest, dass sie manches eint, vielleicht das Erlebnis eines Bruchs in ihrem Leben, auf jeden Fall aber die Liebe zum Theater. Sie bemerken aber ebenso, dass sie auch vieles trennt. Zum Beispiel ihre sozialen Erfahrungen. Da das Theater nur als gesamtgesellschaftliche Abbildung des menschlichen Lebens wirksam sein kann, benötigen die Schauspielschulen die Erfahrungskompetenz aller gesellschaftlichen Milieus. Bildende Künste, Musik und Theater kann man deshalb in Deutschland bei entsprechender Begabungslage auch ohne Abitur studieren. Wird ein solches Studium erfolgreich abgeschlossen, kann es in einigen Bundesländern nachfolgend auch als ganz normale Allgemeine Hochschulzugangsberechtigung anerkannt werden. Dort wird der Abschluss eines Studiums an einer Kunsthochschule zu Recht als „Abitur der lebendigen Erfahrungen" begriffen, einem ganz besonderen Reifezeugnis.

Im Grundlagenseminar saßen sich innerhalb einer Übung zwei Studentinnen gegenüber, um sich gegenseitig von früheren Niederlagen und Verlusten zu berichteten. Während die eine weinte, weil sie sich erinnerte, wie das war, als ihr ein zweites Pferd, das sie sich - um dazuzugehören, weil alle ihre Freundinnen auch so ein zweites, besonders ausgebildetes von ihren Eltern bekommen hatten - so sehr gewünscht hatte, verweigert wurde, weil die Firma des Vaters gerade in Schwierigkeiten war und wie sie sich seit diesem Tag für immer von ihrer Freundinnen- und Kinderwelt ausgeschlossen gefühlt hatte und es dann tatsächlich auch so kam, zitterten der anderen die Lippen, als sie davon berichtete, wie ihre alleinstehende Mutter, die alkoholkrank war, mal wieder einen neuen Freund hatte und sie sich für sich selbst und ihre Mutter so sehr gewünscht hatte, dass sie nun endlich auch eine richtige Familie werden würden, aber auch dieser Typ dann eines Tages auf Nimmerwiedersehen verschwunden war. Und mit ihm war auch noch das Sparschwein abhandengekommen, in dem sich die gesammelten Geldmünzen befanden, die sie sich mit Flaschensammeln verdient hatte, um sich - wenn die Summe reichen würde, und es wäre bald soweit gewesen, denn sie war ein fleißiges Mädchen - den Traum von einem eigenen Fahrrad zu erfüllen und endlich wie alle anderen mit einem eigenen Rad um den Block fahren zu können, um endlich auch zu den Glücklichen und also dazuzugehören. Aber kann man das Leid um ein gestohlenes Fahrrad mit dem Schmerz um ein verweigertes Zweit-Pferd vergleichen? Das schien auch den beiden Studentinnen zunächst unmöglich. Sie starrten sich betreten an und brauchten nach ihren Erzählungen nicht nur viel Zeit, um ihre Tränen zu trocknen, sondern auch um jeweils aus dem Referenzrahmen ihrer persönlichen Not herauszutreten und das Elend der Anderen als verwandt mit dem eigenen zu begreifen. Wesentlich geholfen hat ihnen dabei die Beobachtung, dass sich ihre, mit diesen Erlebnissen verbundenen, starken Emotionen völlig glichen. Wenn die beiden als Schauspielerinnen später zum Beispiel einmal die Medea spielen werden und sich bei der Erarbeitung dieser Rolle dieser emotionalen Erfahrungen bedienen werden, wird kein Zuschauer etwas von einem verweigerten Pferd oder von einem gestohlenen Fahrrad wissen. Das würde ihn auch nicht interessieren. Er will und wird nur Medea sehen. Ihr Hoffen, ihre Enttäuschung, ihren Schmerz, ihre Wut und ihren Wunsch nach Rache. Es gibt keine Freude und kein Leid auf hohem oder niedrigem Niveau. Den Beinamputierten tröstet es nicht, dass dem im Nachbarbett ein Arm abgenommen werden musste. Jeder hat seine eigene Geschichte, sein unverwechselbares Schicksal und seine sich daraus entwickelnde ganz individuelle Erlebniskompetenz. Aber - wenn wir sie uns gegenseitig mitteilen - können wir feststellen, dass unserere Gefühle einander verwandt sind. Im Schmelztiegel Schauspielschule kommen viele junge Menschen, die sich sonst kaum begegnet wären, in einen intensiven Kontakt. Sie arbeiten dort in einem Raum der eigenen Offenbarung und des gegenseitigen Verstehens und können so ein Solidaritätsgefühl mit dem Anderen entwickeln. Es muss ihnen gelingen, das Ich im Anderen zu entdecken. Nur so werden sie die für ihren zukünftigen Beruf nötige Verstehens- und Einfühlungsarbeit leisten können. Sie müssen Bescheid wissen und nichts Menschliches sei ihnen dabei fremd. Also müssen sie die Gier nach ewiger Geld- und Machtvermehrung der Erfolgreichen genauso verstehen lernen, wie den nachlässigen Schlawiner oder den naiven Tagträumer. Was in einem ängstlichen Mitläufer vorgeht, müssen sie nachvollziehen können, aber auch den begreifen, der glaubt, gar nichts mehr verlieren zu können und deshalb zu Gewalt bereit ist, weil er auch ein Stück vom Glück für sich beansprucht.

Theater ist zugleich Provokation und Versöhnung. - Es ist hochspannend, dass sich auf der Bühne die Lebensenergien und Existenzmodelle der unterschiedlichen sozialen Schichten und ihrer wiederum in ihnen voneinander verschiedenen Individuen in den Figuren und in der Kompetenz ihrer Darsteller immer wieder mischen. Das ist auch ein Beitrag zur Minderung der sozialen Inzucht, die - ob oben oder unten - wir wissen es, leicht zu Explosionen führen kann. Das Theater weigert sich, den Traum von der Unversehrtheit des Lebens und der glücklichen Umwälzung der Verhältnisse zum Guten zu vergessen. Deshalb ist es wichtig, dass König Drosselbart Vorstellung für Vorstellung der hochnäsigen Prinzessin seine Lektionen erteilt und dass es der Kohlenmunk-Peter immer wieder schafft, sich sein eigenes, echtes und lebendiges Herz, das er gegen das Versprechen von Macht und Reichtum gegen einen Stein eingetauscht hat, vom Holländermichel zurückzuerkämpfen.

Gipfelsturm - Sauge alles auf. Benutze dabei den Bleistift und den Radiergummi, den du am Anfang des Seminars erhieltest. Ein

Notizheft kauft sich jeder selbst und ab jetzt wird alles mitgeschrieben. Jede Übung, die du machst, jeder Lehrsatz, den du hörst, jeder Hinweis, der dich trifft, jede Bemerkung, die dich interessiert, jede Frage, die dich irritiert, jede Beobachtung, die dich aufregt, jede Geschichte, die dich bewegt, jede Telefonnummer eines Kommilitonen, der dir gefällt, jede Erfahrung, die dich verändert, einfach alles, dazu ist der Bleistift da. Dann kommt der Radiergummi zum Einsatz. Wenn du nach vier Jahren deine Dozenten leergehört hast, arbeitest du noch einmal dein Büchlein durch. Du unterstreichst alles, was dir wichtig und wesentlich geblieben ist. Kennzeichne das, was dir weitergeholfen hat und worauf du immer wieder zurückgreifen wirst, jetzt hast du deine Methode. Der Rest kann weg, der ist vielleicht ein wichtiger methodischer Bestandteil für andere, aber die sind ja auch anders als du. Doch halt, überlege genau, lösche noch nicht aus, was du bis heute noch nicht richtig verstanden hast. Nimm ruhig auch Fragen mit in dein Erstengagement und glaube nicht, du wirst dein Büchlein nie mehr brauchen. Theaterspielen ist wie Bergsteigen. Nach jedem Gipfelkreuz, nach jeder Premiere musst du wieder runter ins Tal und von vorne beginnen. Die nächste Rolle ist dir genauso unbekannt wie der letzte Berg es dir gewesen war, bevor du ihn bestiegen hast. Und auch der Abstieg ist eine Herausforderung. Wohl dem, der sich den Weg notiert hat, auf dem er einst heraufgekommen ist. Die wie im Rausch von Gipfel zu Gipfel fliegen wollen, stürzen irgendwann ab.

„Kunst wird aus Erfahrungen gemacht. Gut. Das konnte ich mir vorstellen. Das sich Erfahrungen aber von Erlebnissen unterscheiden, war mir nicht klar. Ich hatte bisher schon einiges erlebt, meine Abiturzeit in S., mein FSJ in L., mein Auslandsjahr in Südamerika und Australien und ich hatte dabei schon eine Menge Leute kennengelernt und zahlreiche Erlebnisse gehabt,

auch erotische und so. Trotzdem fühlte ich mich irgendwie erfahrungsarm. Ich wusste eigentlich nichts. Im Studium habe ich dann begriffen, dass brauchbare Erfahrungen erst aus gedanklich und emotional durchgearbeiteten Erlebnissen entstehen können. Dazu braucht man Kenntnisse, Wissen und Haltungen. Außerdem muss man dabei seiner eigenen geistigen Schlaffheit und Wahrnehmungs-Furcht Widerstand leisten." Sandra

Widerstand ist ein Geschenk - Das Studium ist anspruchsvoll, zeitintensiv und hart. In vier Jahren ein Masterstudium zu absolvieren, verlangt allen Einsatz. Es gibt Tage, da kommst du morgens um acht Uhr in die Schule und verlässt sie erst um zweiundzwanzig Uhr wieder. Auch am Wochenende wird manchmal gearbeitet und dies alles verlangt eine hohe Selbstorganisation und Disziplin. Die Dozenten, die in den Prüfungen von der Rolle des Begleiters, Trainers oder Liebenden in die Rolle des Schiedsrichters schlüpfen müssen, was auch eine schwierige Aufgabe sein kann, wissen nicht nur um die Süße der Belohnung, wenn du erfolgreich bist, sondern auch um die Härte der Anforderungen, die an dich gestellt werden. Wenn du nachlässt, dich verbummelst, ablenken lässt oder Angst vor dem nächsten Schritt hast, werden sie deiner Bequemlichkeit, Unkonzentriertheit oder Ängstlichkeit Widerstand leisten.
Ein junger, mit allen Anlagen ausgestatteter, deutscher Radprofi hatte einem solchen Widerstand zu verdanken, dass er wenigstens ein Mal die „Tour de France" gewann. Dem Hochbegabten fehlte es an Disziplin, so dass er vor einer neuen Saison oft nicht fit genug, nicht fokussiert genug und mit Übergewicht zu diesem größten aller Radrennen der Welt antrat. Immerhin reichte sein Talent trotzdem aus, um mehrfach den zweiten Platz in der Gesamtwertung zu belegen und auch mal die eine oder andere Etappe zu gewinnen. Aber seinen

Toursieg, das fantastische Gefühl, in Paris das Gelbe Trikot zu tragen, verdankte er, wenn die Geschichte stimmt, einem speziellen Widerstand, einem Kollegen, einem Freund. Während einer Etappe durch die Vogesen, also fast am Ende dieser Tour, geriet der Begabte in eine bedrohliche Situation und war schon daran, die Beine hochzunehmen und aufzugeben. Ein Teamkollege hatte den Begabten und seinen größten Konkurrenten, der sich auch dadurch nicht abschütteln ließ, in einem mörderischen Tempo hoch in die Berge geführt und sich bei der Einfahrt in den Schlussanstieg dieser die Tour entscheidenden Etappe für den Begabten, der in seinem Windschatten fuhr, völlig verausgabt. Alle anderen Favoriten mussten schon abreißen lassen. Und es war klar, heute würde sich der Toursieg zwischen dem Begabten und seinem größten Konkurrenten, welcher auch in der Gesamtwertung bis dahin Kopf an Kopf mit ihm lag, entscheiden. Als der Helfer seine Arbeit geleistet hatte und erschöpft in einem Steilstück die Führung der Dreiergruppe abgab, nutzte der Konkurrent des Begabten die Gelegenheit zu einem Angriff. Er trat an und schnell hatte er mehrere Meter Vorsprung. Auch der von der Attacke seines Gegners überraschte Begabte ging aus dem Sattel und versuchte seinem Konkurrenten zu folgen. Doch er schaffte es nicht, die nötige Willenskraft aufzubringen und gab kurz darauf diesen Versuch wieder auf. Das alles sah der Helfer, der inzwischen weit hinter die beiden zurückgefallen war. Und weil er nicht ertragen konnte, dass die ganzen Anstrengungen umsonst gewesen sein sollten, leistete er etwas, das in die Geschichte des Radsportes einging. Er mobilisierte mit seiner ganzen Wut über diese Situation seine letzten Kräfte und fuhr noch einmal zu dem Begabten auf. Ein Kraftakt, den er später mit seiner totalen Erschöpfung und einem Rückstand im Ziel von fast einer Stunde bezahlte. Er schaffte es also gerade noch einmal seinen Teamkollegen, den Begabten, zu erreichen und brüllte zu ihm vor den laufenden

Livekameras jenen heute legendären Satz: „Jetzt quäl dich, du Sau!!!“ Das war unerhört, das machte die drohende Blamage zum Skandal. Aber nun geschah Folgendes, der Begabte, ob aus Scham oder nicht, stieg erneut aus dem Sattel und machte sich doch noch einmal an die Verfolgung des davongefahrenen Konkurrenten. Und er erreichte ihn. Er überholte ihn und es gelang ihm tatsächlich auch noch, diesen wiederum abzuschütteln. Schließlich kam der Begabte mit so einem beträchtlichen Vorsprung vor seinem größten Konkurrenten in das Tagesziel, dass er von ihm auf dieser Tour nicht mehr eingeholt werden konnte. So wurde der Begabte ein paar Etappen nach diesem Vorfall der jüngste „Tour de France“ - Sieger aller Zeiten.

„Das Leben nennt der Derwisch eine Reise, / und eine kurze. Freilich! Von zwei Spannen / diesseits der Erde nach zwei Spannen drunter. / Ich will auf halbem Weg mich niederlassen!“ Muss jeder Radfahrer die „Tour de France“ gewinnen? Ist man nur dann ein glücklicher Schauspieler, wenn man große und prestigeträchtige Rollen spielt? Nein! Das Leben ist - vor allem anderen - eine Reise, wie Kleist seinen Prinzen Friedrich von Homburg in seinem gleichnamigen Drama begreifen lässt, und eine mehrwöchige Radtour mit Freunden auf dem Oder-Neisse-Radweg zum Beispiel hat sicher mehr Chancen dich das Sehen zu lehren, dir dahingleitend Erkenntnis, Befriedigung und ein beglückendes Einverständnis zu verschaffen, als jeder erquälte Ruhm. Es ist möglich, den unterbewussten generationsübergreifenden Rache-Zyklen zu entkommen. Denn du darfst dich weigern. Du musst nicht für die Opfer deiner Vormütter zahlen. Auch, wenn sie vielleicht glauben, sich durch die Schmerzen deiner Geburt oder die der eigenen gelebten Selbstverleugnung Rechte an deinem Leben, deinem Glück oder Unglück erworben zu haben. Du darfst auch den Eintritt in die Kriege deiner Vorväter ablehnen, sozusagen den

Kriegsdienst verweigern. Du darfst das bequeme Auto und damit das auf dich durch Erbschaft übergegangene oder vielleicht ehemals mühsam abgezahlte Recht, mit dreihundert km/h über die Autobahn zu rasen, in der Garage lassen. Alles, was nicht dein ureigenes Lebenstempo ist, macht dich ohnehin hilflos und blind. Du musst nicht auf deine Rechte pochen, aber du kannst dich für Gerechtigkeit interessieren. Du musst dich nicht den auf dich projizierten Erwartungen beugen. Deine Existenz verpflichtet dich nicht zur Wiedergutmachung von altem Leid. Du musst dich nicht rechtfertigen, du bist keine Investition in die Zukunft. Auch musst du deine Toten nicht der Kirche überlassen, denn du darfst die Furcht vor dem Tod aufgeben. Du darfst dich auf die Suche nach dem Sinn deines eigenen Lebens begeben. Du darfst das Lieben erlernen und in Beziehungen treten. Du darfst dich hingeben und ohne Bedenken dein Leben leben, wenn du weißt, dass dein Sterben das Ziel deiner Reise ist. Tanze auf deines eigenen Messers Schneide. Spiele das Spiel. Das Leben besteht aus Gelegenheiten, nicht aus Plänen. „Glück ist, seinen Anlagen gemäß verbraucht zu werden", schrieb der Dichter Frank Wedekind. Niemand wird zufällig Schauspieler. Niemand bleibt zufällig Schauspieler.

„Meine Gespenster. - Nach ein paar Berufsjahren war ich irgendwie leergespielt. Ich hatte mich verausgabt. Es waren meist richtig gute Jahre gewesen. Aber nun wollte ich mich zurückziehen und nachdenken. Ich wollte darüber nachdenken, warum ich diesen anstrengenden Beruf weiter ausüben sollte. Ich wollte deshalb in kein nächstes Engagement mehr und kappte alles. Ich löste meine Wohnung auf und brachte den Rest zu meiner Mutter, die ich damit leider auch irgendwie ängstigte. Ich konnte ihr das nicht ausreden. Dann kaufte ich mir ein altes Auto, besorgte mir ein Zelt und was man so für eine Zeit in der Natur brauchen

könnte und fuhr nach Skandinavien. Immer weiter nach Norden. Bald traf ich kaum noch auf andere Menschen. Es regnete viel und ich kam mir vor wie eine Schildkröte. Irgendwann, in Finnland, ich wusste gar nicht mehr, wo ich genau war, lag ich dann eines Abends gemütlich in meinem Zelt und mir war ganz wohlig. Ich kam mir wie ein Held vor. Es regnete wieder mal. Ich musste grinsen und an den Spruch denken, dass Schauspieler sich angeblich schon verbeugen würden, wenn der Regen an das Fenster trommelt. Ich genoss diesen Augenblick äußerster Sparsamkeit. Ich lag da und wartete darauf, dass - so kannte ich es aus dem Theater - daraus die Krise mit voller Wucht herausbrechen würde. Da hörte ganz plötzlich der Regen auf und mit einem Mal trat eine unglaubliche Stille ein. Es war mitten in der Nacht, ich war im Dunklen an dieser Stelle gestrandet und hatte außer ein paar Bäumen noch nichts gesehen. Mir ging der Puls hoch. Ich begann zu lauschen. Es knackte und knisterte da draußen. Ich dachte sofort an Bären und Wölfe, an Verbrecher, an Überfälle und sonst was und da trat sie zu mir ins Zelt, meine Angst vor dem Leben, vor dem Alleinsein, vor dem Ausgeliefertsein und an der Hand hatte sie ihre kleine Schwester, meine ständige Furcht irgendetwas zu verpassen. Mich überfiel eine richtige Panik, eine Paranoia. Ich stürzte aus dem Zelt. Ich schrie und fuchtelte mit meiner Stirnlampe meine Dämonen an. Ich schnappte mir den erstbesten Knüppel, ich war bereit zum Kampf. Ich weiß nicht mehr, was da so alles aus mir herausgebrüllt kam. Schließlich wurde ich heiser und kam dadurch etwas zur Besinnung. Da stand ich in meiner Unterhose in der Botanik, in tiefschwarzer Nacht und keuchte, und über mir leuchteten die nördlichen Sterne. Sie flackerten irgendwie. Vielleicht haben sie gelacht? Ich weiß es nicht. Irgendwann war so ich erschöpft

von meiner Angst, dass ich in meinen Schlafsack zurückkroch und einschlief. Am nächsten Morgen erwachte ich sehr spät. Die Sonne hatte mich wachgekitzelt. In meinem Zelt war es unglaublich warm. Ich öffnete den Reißverschluss und steckte meinen Kopf heraus. Unmittelbar vor mir lag ein riesiger See. Das Wasser blinkerte lautlos, Insekten brummten in der Luft und mich überkam ein gewaltiges Glücksgefühl. Ich war noch am Leben. Die Welt war ein Ort, der es gut mit mir meinte. Ich zog mich aus und ging ganz langsam in das Wasser. Ein paar Tage blieb ich dann noch an dieser Stelle. Ich habe in diesen Stunden viel gesungen. Alte Texte, die ich mal auf der Bühne gesprochen hatte, gingen mir wieder durch den Kopf und mich überkam ganz langsam eine neue Sehnsucht nach dem Theater. Also packte ich meine Sachen wieder zusammen und machte mich auf den Weg zurück. Ich wollte wieder spielen." August

Dämonen - „Ein Künstler kann seine Gespenster, während er arbeitet, auf besondere Art vor seinen Wagen spannen und so ihre Energie nutzen. Ingmar Bergman, bei den Internationalen Filmfestspielen in Cannes als „Bester Regisseur aller Zeiten" ausgezeichnet, spricht sogar davon, dass ihre Anwesenheit eine Bedingung sei: „Ich meine, sie müssen anwesend sein. Sie müssen Gewehr bei Fuß stehen. Es ist selbstverständlich, dass die Dämonen eingebunden werden müssen. Es wäre unglaublich riskant, sie nicht um sich zu haben. Aber sie müssen sehr gut bewacht werden. Im Studio oder im Theater bin ich in einem kontrollierten Universum. Da sind auch die Dämonen kontrolliert. Die Leidenschaft, alles ist unter Kontrolle, meiner Kontrolle."

PETER HANDKE - ÜBER DIE DÖRFER

Spiele das Spiel. Gefährde die Arbeit noch mehr. Sei nicht die Hauptperson. Such die Gegenüberstellung. Aber sei absichtslos. Vermeide die Hintergedanken. Verschweige nichts. Sei weich und stark. Sei schlau, laß dich ein und verachte den Sieg. Beobachte nicht, prüfe nicht, sondern bleib geistesgegenwärtig bereit für die Zeichen. Sei erschütterbar. Zeig deine Augen, wink die anderen ins Tiefe, sorge für den Raum und betrachte einen jeden in seinem Bild. Entscheide nur begeistert. Scheitere ruhig. Vor allem hab Zeit und nimm Umwege. Lass dich ablenken. Mach sozusagen Urlaub. Überhör keinen Baum und kein Wasser. Kehr ein, wo du Lust hast, und gönn dir die Sonne. Vergiß die Angehörigen, bestärke die Unbekannten, bück dich nach Nebensachen, weich aus in die Menschenleere, pfeif auf das Schicksalsdrama, mißachte das Unglück, zerlach den Konflikt. Beweg dich in deinen Eigenfarben, bis du im Recht bist und das Rauschen der Blätter süß wird. Geh über die Dörfer. Ich komme dir nach.

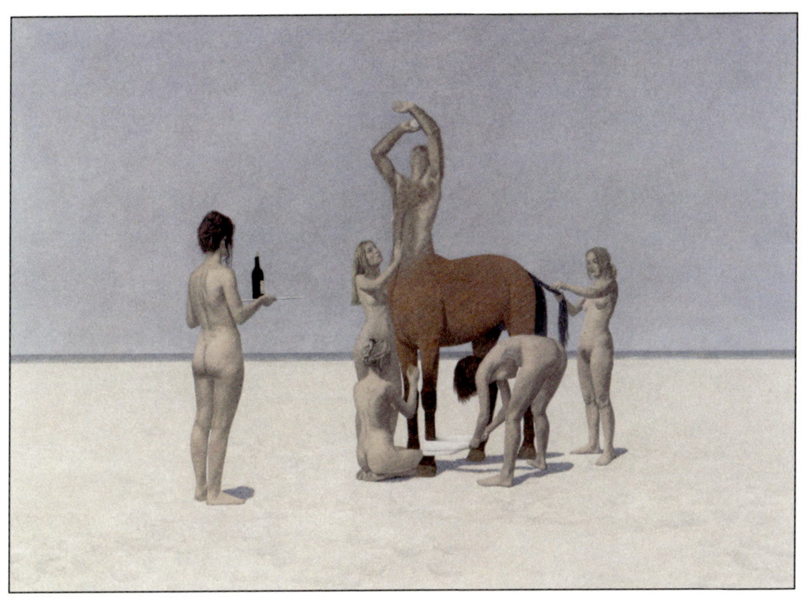

V. DU GLÜCKLICHER SYSIPHOS

Prägung - „Man geht durch Höhen und Tiefen“, kann man auf der Website des Schauspielers und Kabarettisten Uwe Steimle über sein Schauspielstudium in Leipzig lesen, „einmal kann man alles, dann wieder gar nichts. Die Persönlichkeit wächst und der Zweifel auch. Das prägt, das bleibt. Und es ist gut so, weil derartige Erfahrungen satte Zufriedenheit ausschließen. Das beständige eigene Hinterfragen ist eher Herausforderung.“

„Wieder nur eine Nebenrolle. Ich habe gerade die Rollenbesetzung für unsere neue Produktion am Aushang gelesen. Bin ich wirklich so schlecht? Was mache ich falsch? Ich weiß, dass das zur Berufsrealität dazugehört. Aber das heißt doch nicht, dass ich zwingend gut damit klarkommen muss. Ich habe das Gefühl, dass meine Entwicklung stagniert. Ja, meine Rollen haben eine höhere Trefferquote als im zweiten Jahr. Aber machen wir uns nichts vor, das ist auch nicht wirklich schwer. Spiele ich mich nicht genug in den Vordergrund, weil das einfach nicht meine Art ist? Bin ich mit meinem Wesen einfach völlig auf dem Holzweg, was den Beruf des Schauspielers angeht? Soll ich in der Kantine meine Witze lauter machen, meine Gedanken lauter herausbrüllen, damit ich bemerkt werde? Das nagt alles an mir. Selbst in guten Phasen. Und meine Laune, die gerade noch bestens war, schwingt innerhalb von Sekunden um. Ich brauche mehr Stabilität. Ich habe als Kind zu Hause kaum Struktur erfahren, deshalb fallen in Krisen meine Systeme immer noch viel zu schnell zusammen." Karl

Ganz in Weiß - Dieser Witz zieht jedes Jahr aufs Neue seine Runden. Er wird unter den Studenten gern erzählt, aber auch Heiner Müller soll ihn sehr gemocht haben, was nichts bedeutet, außer, dass wer so über sich selbst und die Entlarvung der durch den Beruf erhofften Umkehrung des eigenen Selbstwertempfindens lachen kann, es schon fast geschafft hat:
Ein Schauspieler kommt zu einem Zirkusintendanten und bittet ihn, in seiner Arena auftreten zu dürfen. Er würde eine unglaublich tolle Nummer mitbringen, an der er lange geknobelt habe. „Das muss man gesehen haben, Herr Direktor! Das müssen wir machen, das kann nur ein Erfolg werden!" - „So? Und wie sieht ihre Nummer aus?" - „Naja,

zuerst müssen wir in ihre Zirkuskuppel eine riesige Betonkugel hängen." - „Eine Betonkugel?" - „Jaja, genau. Und dann füllen wir die ganze Manege randvoll mit Scheiße, also richtig bis zur Oberkante!" - „Mit Scheiße?" - „Ja ich weiß, das klingt schon ein bisschen verrückt. Aber warten Sie, Herr Direktor, das Beste kommt erst noch, Herr Direktor! Also zuerst lassen wir die Betonkugel einfach in die Scheiße plumpsen und die Scheiße, die fliegt natürlich nur so nach allen Seiten, aber dann, dann passierts, Herr Direktor! Jetzt kommt der Knüller! Peng! Alle Scheinwerfer gehen an! Und dann, dann komme ich. Ganz in Weiß!!!"

Narzissmus - „Beliebt, berühmt, berüchtigt?" In einer Studie sind Psychologen der Universität Leipzig der Frage nachgegangen, ob Schauspieler, die oft strahlende Persönlichkeiten sind, denen allerdings aber auch große Eitelkeit nachgesagt wird, in ihrem Persönlichkeitsprofil tatsächlich vom Durchschnitt abweichen. Der Leiter dieser Untersuchung, Michal Dufner, kam zu dem Fazit, dass Schauspieler tatsächlich eine erhöhte Tendenz zum narzisstischen Streben nach Bewunderung und Selbstdarstellung haben. Vermutlich sei dies auch ihre Antriebsfeder. Andererseits aber kamen die Forscher zu einem weiteren, vielleicht überraschenden Ergebnis. Die an der Studie teilnehmenden Schauspieler zeigten gegenüber den Probanden der Kontrollgruppe aus anderen Berufen gleichzeitig eine abgemilderte narzisstische Tendenz zur Fremdabwertung und zur Aggressivität gegenüber ihren Mitmenschen. Narzisstischer Neid und Missgunst sind also eher untypisch für Schauspieler. Die Erklärung dafür liegt auf der Hand. Da sich Schauspieler in ihrer Arbeit ständig mit anderen Menschenschicksalen beschäftigen, entwickeln sie auch eine ausgeprägte Empathie und Toleranz.

Empathie - „Empathie bezeichnet die Fähigkeit und Bereitschaft, Empfindungen, Gedanken, Emotionen, Motive und Persönlichkeitsmerkmale einer anderen Person zu erkennen und zu verstehen. Zur Empathie wird auch die Fähigkeit zu angemessenen Reaktionen auf Gefühle anderer Menschen wie zum Beispiel Mitleid, Trauer, Schmerz und Hilfsbereitschaft gezählt. Grundlage der Empathie ist die Selbstwahrnehmung. Je offener eine Person für ihre eigenen Emotionen ist, desto besser kann sie auch die Gefühle anderer deuten. Empathie spielt in vielen Wissenschaften und Anwendungsbereichen eine fundamentale Rolle, von der Kriminalistik über die Politikwissenschaft, Psychotherapie, Psychologie, Physiologie, Physiotherapie, Pädagogik, Philosophie, Sprachwissenschaft, Medizin und Psychiatrie bis hin zum Management oder Marketing." Sicher, ohne es zu beabsichtigen haben die Autoren auf Wikipedia unter dem Stichwort Empathie das Arbeitsprofil des Schauspielers auf den Punkt gebracht und es gleichzeitig präzise von den „Helfern" abgegrenzt, die sich meist deshalb so selbst-los Anderen oder Anderem zuwenden müssen, weil sie irgendwann ihr Selbst verloren haben, es los-geworden und nun um einer fragilen Stabilität willen zum „Helfen-Müssen" verdammt sind, da sie nicht bei sich bleiben können. Der Schauspieler wühlt sich dagegen auf der Grundlage der Selbstwahrnehmung gleich einem Kriminalisten auf der Suche nach Wahrhaftigkeit in die Geschichten der Menschheit. Auf der Basis der historischen und aktuellen gesellschaftspolitischen Zusammenhänge erkundet er individuelle psychische und physiologische Kausalitäten, ihre Ursachen und Wirkungen. Er wird dadurch zu einem öffentlich praktizierenden Philosophen. Seine handwerklichen Hauptausdrucksmittel sind dabei die Sprache und der Körper. Seine Arbeit zielt auf Erkenntnisgewinn durch Erschütterung (Katharsis) und dieses Erzeugen von Lachen und Weinen im Publikum, also das Erzeugen von emotionalen und gedanklichen

Reaktionen, hat durchaus eine medizinische, eine heilende, aber auch erzieherisch-pädagogische Absicht. Um die durch sein Spiel angestrebte seelische Reinigung (Aristoteles) zu verkaufen, benutzt der Schauspieler ein berufsspezifisches Management seines Auftretens als Person des öffentlichen Interesses. Dabei hilft ihm ein auf der genauen Kenntnis seiner Zielgruppe basierendes Marketing seiner Kunst. Und alles das auf der Basis einer professionellen Unbefangenheit, auf der Basis einer tiefen und naiven Weisheit, auf der Basis von Empathie.

„Ich will nicht nur mit ihren Köpfen, sondern vor allem mit ihrem Herzen reden!" Leoni

Im Theater wird geliebt - Wir wissen nicht, ob Tiereltern ihre Nachkommen lieben können. Sie gehorchen, wenn sie diese zeugen, ernähren und vor ihren Feinden schützen wohl hauptsächlich ihren biologischen Instinkten. Wäre Liebe ein natürlicher Instinkt, würde sie den Urprogrammen, die jedes Lebewesen zuerst steuern, also der Selbsterhaltung und der „Fortpflanzung um jeden Preis" entgegenstehen. Sie würde die Tiere in Gefahr bringen. Sie veranlassen, verzögerte und verfälschte Entscheidungen zu treffen, zum Beispiel zu spät die Flucht zu ergreifen und dabei ihre eigene Existenz aufs Spiel zu setzen. Eine kognitive Reaktion auf Gefahr würde zu viel Zeit beanspruchen. Als am 26. Februar 1852 der britische Truppentransporter „Birkenhead" vor Südafrika auf ein Felsenriff auflief, befanden sich an Bord über sechshundert Menschen. Besatzungsmitglieder, Soldaten, aber auch ihre Frauen und Kinder. Das Schiff war nicht mehr zu retten und üblicherweise würde ein Kapitän in dieser verzweifelten Situation den Befehl zum Verlassen des sinkenden Schiffes geben: „Every man for himself!". Jeder für sich! Doch da klar war, dass die

Rettungsboote nicht reichen würden, gab der Kommandant der Soldaten, Major Alexander Seton, wenn die Geschichte stimmt, zum ersten Mal in der Geschichte der Seefahrt einen anderen Befehl: „Frauen und Kinder zuerst!" Und dann ließ er seine Soldaten an Deck antreten und die Trommeln schlagen. Bis alle Rettungsboote weit genug weg waren, um nicht noch von den um ihr Leben kämpfenden Männern zum Kentern gebracht werden zu können. Fast vierhundertsechzig Männer starben, darunter Seton, aber alle Frauen und Kinder, die an Bord waren, überlebten dieses Unglück.
Die menschliche Liebe, die sich vom hormonell gesteuerten Verliebtsein zur Absicherung des Fortpflanzungsinteresses unterscheidet, ist Kultur-Arbeit. Und da wir das Theaterspielen, bei dem sich die Akteure für ihr Publikum mit Geist, Leib und Seele zur Disposition stellen, ebenfalls als kulturelle Arbeit begreifen, muss also im Umkehrschluss auch der Liebesaspekt dabei eine sehr große Rolle spielen. Wir setzen uns aufs Spiel. Im Theater wird geliebt.

„Ich hatte niemals Angst vor dem Tod. Ich wollte sterben. Für die Geliebten, die Gehassten, für die Kunst, für Alles. Ich war desillusioniert und müde. Jetzt, nach drei Jahren Schauspielstudium bin ich wieder so lebendig und voller Lust. Und nun habe ich doch Angst. Große Angst. Angst, dieses unerträglich schöne und traumhaft qualvolle Leben irgendwann wieder verlieren zu müssen. Seitdem ich meine gewesene Verzweiflung verstanden habe, kann ich das Leben wieder lieben. Ich bin mir dieser Situation sehr bewusst und genieße sie." Jermaine

Ablösung: Showdown - Fantasiereise (4). Enrico erzählt von Tobias. Tobias ist zwölf. Sein Vater ist ein Rechtsanwalt. Er hat viel für seine berufliche Position geleistet. Seine Mutter arbeitet als Zahnärztin.

Trotzdem hat Tobias schlechte Zähne. Wegen der Zähne wird Tobias in der Schule gehänselt. Nur seine Kunstlehrerin mag ihn. Tobias malt gerne Autos, aber sein Vater will das nicht. Seine Mutter schämt sich wegen der schlechten Zähne ihres Sohnes. Als kleiner Junge war er einmal in ihrer Praxis. Tobias erinnert sich daran, wie sie ihn mit ihrer Hand, die in einem Gummihandschuh steckte, gestreichelt hat. Heute soll Tobias wegen seiner Zähne wieder zu ihr kommen und damit das lustig wird, denn man soll immer fröhlich sein, verkleidet ihn seine Mutter als kleinen Doktor. Auf dem Weg in die Praxis wird Tobias von Mitschülern, die ihn zufällig gesehen haben, verfolgt. Ihr Anführer heißt Sven. Er hat Muskeln und ist clever, denn er versteht es alle zu begeistern. Sie rufen: „He, bleib stehen, du stinkst nach Pisse!“ Tobias rennt weg. Er will zur Straßenbahn, doch er stolpert und fällt hin. Als er nach oben guckt, sieht er, dass es ein schöner Tag ist. Sven hat sich über sein Arztköfferchen hergemacht und es geöffnet. Er findet darin Zigaretten. Er nimmt sie raus und alle sind begeistert. Tobias rauchte heimlich seit zwei Jahren. Er hatte mit zehn im Kellereingang der elterlichen Villa angefangen „Golden American“ zu rauchen. „Du rauchst, Tobias? Das ist ja cool.“ Sven hilft ihm auf. Es ist seine erste Berührung von Tobias ohne Schläge. Doch Tobias reißt sich los und rennt mit seinem Köfferchen weg. Da es noch offen ist, verliert er dabei alle Schulsachen. Er kommt am Blumenladen von Sonjas Mutter vorbei. Sonja ist zwei Jahre älter und geht in dieselbe Schule wie Tobias. Sie hat keinen Vater mehr und ist nicht hübsch. Aber sie sieht immer freundlich aus. Tobias hat im letzten Jahr alle Blumennamen auswendig gelernt, um Sonja damit später einmal zu beeindrucken. Sonja hilft gerade ihrer Mutter. Sie bringt eine Stiege Narzissen aus dem Laden, als Tobias vorbeirennt. Sie sammelt seine verlorenen Schulhefte wieder auf und liest dabei seinen Namen, denn vorn auf den Heften steht „Tobias“ drauf. Aber sie kennt ihn ja gar nicht. Tobias kommt in der Praxis der

Mutter an, sie hat aber noch keine Zeit. Sie schickt ihn in die Spielecke Hausaufgaben machen, aber da der Tisch viel zu klein ist und er ja auch keine Schulhefte mehr hat, schmeißt Tobias das Arztköfferchen auf die Erde und geht nach Hause. Er will rauchen. Er geht durch den Keller in das Haus, aber in seinem versteckten Aschenbecher sind keine brauchbaren Kippen mehr. Er geht deshalb ins Zimmer seines Vaters, was streng verboten ist und sieht sich die Zigarren seines Vaters in der Glasvitrine an. Er nimmt sich zwei Schachteln heraus und setzt sich mit ihnen an den Schreibtisch des Vaters. Aus der kleineren Schachtel nimmt er sich eine Zigarre und beginnt zu rauchen. Dann öffnet er die größere Schachtel. Er findet darin eine Pistole. Er weiß, dass er gerade etwas ganz Verbotenes macht, aber er nimmt sie trotzdem heraus. Er lädt sie mit den Patronen, die er auch in der Schachtel gefunden hat. Das kennt er von YouTube. Die Pistole ist groß und sehr schwer. Plötzlich öffnet sich die Zimmertür. Tobias dreht sich um und zuckt zusammen. Dann hält er die Pistole in der Hand und lacht.
Die Geschichte von Tobias ist eine typische Emanzipations-Fantasiereise. Der Junge bekennt sich zu seinen erlittenen Herabsetzungen und seiner daraus resultierenden berechtigten Wut. Er durchlebt einen schmerzvollen Ablösungsprozess. Er beginnt sich zu wehren. Am Schluss stellt er sich bewaffnet den Verursachern seiner Verwahrlosung. Ein Showdown.

„Ich betrat den Pfad des Schauspielerns als gezeichnete Person. Was mich zeichnete, wusste ich nicht. Nur das ich, wenn ich mich ansah, ein Spiegelbild wahrnahm, das viel intensiver war als alles Reale." Lydia

Schauspielen ist gesund - …für den Körper, den Geist und die Seele. Eigentlich sollte jeder Schauspiel studieren dürfen. Vier Jahre lang Zeit zu haben, sein Verhältnis zu sich selbst, seinen Erfahrungen und seiner Umwelt noch einmal neu definieren zu können, ist ein Privileg. Das hat mit Sicherheit für die meisten Studierenden Folgen über den angestrebten Beruf hinaus. Denn es verändert nachhaltig ihre Weltsicht und ihr Verhalten gegenüber ihren Mitmenschen. Ehemalige Studierende, die später in andere Berufe gewechselt sind, berichten davon. Diesen Mehrwert beginnt inzwischen auch unsere Gesellschaft langsam zu erkennen. Dass junge Menschen heute Darstellendes Spiel als Schulfach belegen können und damit dann sogar in einigen Bundesländern ihren Abiturabschluss machen dürfen, spricht für diese Erkenntnis und lässt hoffen.

„Als wir träumten. Clemens Meyer. Mein Blick ist gerade die in alphabetischer Reihenfolge nach Autoren sortierten Bücher in meinem Regal entlanggewandert und hat sich dabei vom Titel dieses Buchrückens aufhalten lassen. Da ist mir aufgefallen, dass ich immer noch viel an die Zeit in Leipzig zurückdenke und mein eines Jahr dort wohl die tiefgreifendste Periode meines bisherigen Lebens war. Jung, gierig und bereit alles abzulegen kam ich an. Und alles abgelegt habe ich. Nackt war ich, ungeschützt, pur. Das Gefürchtete zu kennen und das Unbekannte nicht zu fürchten habe ich gelernt. Ich flog damals sehr hoch. Zu hoch. Heute hat sich der Sturm gelegt. Ich studiere jetzt im sechsten Semester Bionik und genieße dabei die Kühle der Naturwissenschaft. Doch noch nie empfand ich mich reicher und kraftvoller als jetzt. Voller Liebe zum Sein und zum Leben. Denn ich habe gelernt, mir zuzuhören. Und was ich höre, ist der Klang meines Herzen, das, wonach ich vor fünf Jahren zu suchen begann. Das, was mir immer Halt geben wird. Das, was ich ohne das Schauspiel noch lange nicht gefunden hätte. Das Leben

muss besser sein als der Tod. Mein intensives Nachdenken über Dinge, die ganz einfach sind, ist derzeit meine Kritik an der Moderne.“ Claude

Sorgfalt und Entschleunigung - Wer Schauspiel studiert hat, der lernte, es genauer wissen zu wollen, denn er soll kenntlich machen. Aufgedeckte Widersprüche verlangen nach Klärung. Der Schauspieler kann nicht anders, denn er selbst steht auf der Bühne mit seiner Ganzheit für sein Produkt. Live. Er ist dadurch angreifbar. Berührbar. Also uncool, unplugged. Stanislawskis berühmte W-Fragen (Wer, Was, Warum, Wann, Wo, Wie) als Grundlage für die Entwicklung von Situationen und Figuren, die zum Handwerkszeug unserer Ausbildung gehören, zwangen ihn genauso dazu, wie Brechts Aufforderung zur Kunst des Beobachtens und sein Widerstand gegen identifizierendes Erleben auf der Bühne, den weiteren wesentlichen Komponenten unseres Schauspielunterrichtes. Dafür brauchte der Student, wie der Schauspieler Zeit und Platz für Experimente, zum Ausprobieren und Scheitern, zum wieder Anfangen und Entdecken. Das fahrlässige Versprechen von schnellem Erfolg würde ihm nicht weiterhelfen. Theaterarbeit braucht Sorgfalt und Beziehung. Sie entschleunigt.

„Im Theater hat man vor allem Kontakt! Da gibt es Begegnungen, die einen in eine Art übernatürlichen Bann schlagen. Wo man das Gefühl hat, die Begegnungen sind so wertvoll, so wichtig, dass man sie festhalten muss, nicht mehr loslassen will. Ich muss dann alles aufschreiben, weil ich das nie mehr vergessen will.“ Emmi

Vorsicht, Kompression! - Dichtung ist verdichtete Wirklichkeit. Der größte europäische Religionskrieg von 1618 bis 1648 ging als

Dreißigjähriger Krieg in die Geschichte ein. Friedrich Schiller arbeitete zehn Jahre an seiner großen Dramentrilogie zu diesem Thema. „Wallenstein". Peter Stein inszenierte 2007 am Berliner Ensemble alle elf Akte in einer zehnstündigen Aufführung. Bertolt Brecht benötigte im finnischen Exil nur drei Wochen, um mit seinem Stück „Der aufhaltsame Aufstieg des Arturu Ui" in siebzehn kurzen Szenen den Aufstieg Hitlers in Deutschland als einen Prozess, der nur unter tatkräftiger Mithilfe anderer Personen und Interessengruppen vonstattengehen konnte zu entlarven und dem Gelächter preiszugeben. Aber es geht auch noch kompakter, verdichteter und wir wissen aus der Physik: Je höher die Dichte, desto höher das Gewicht. Samuel Beckett benötigt in seinem rätselhaften „Warten auf Godot", der ja bekanntlich nie erscheint, sogar nur ein sich immer wiederholendes Wortspiel, um geradezu bewusstseinsverändernde Dimensionen aufzustoßen und die wundersame Fremdheit des Menschen im Universum zu deklinieren: „Komm, wir gehen!" - „Wir können nicht." - „Warum nicht?" - „Wir warten auf Godot." - „Ach ja."
Um den Kompressionsdruck von Dichtung aufnehmen, aushalten und transportieren zu können, benötigt der Schauspieler auf der Bühne eine gegenüber dem Normalzustand deutlich erhöhte physische und psychische Spannkraft. Sie ist nur in einem gewissen Maße trainierbar. Unverzichtbar ist der Wille dazu. Ihre gerichtete Entladung verlangt Professionalität.

„Bei aller im Theater demonstrierten Professionalität und Toleranz - und Toleranz ist ja zu einem Begriff geworden, der definiert, ob ein Mensch gut oder schlecht ist, ein Modewort, böse gesagt - müssen wir uns endlich eingestehen, dass wir lange nicht so tolerant sind, wie wir vorgeben. Ich trete jedenfalls nur jenen Dingen, von denen ich wirklich etwas weiß, tolerant

gegenüber. Wenn ich also an die Grenzen meiner Toleranz stoße, dann muss ich anfangen, mich zu informieren. Es gibt meiner Meinung nach fast nichts, was das Theater besser kann, als auf eine aufregende und sinnliche Art zu informieren. Dabei müssen wir die Dinge gnadenlos von allen Seiten beleuchten. Ich liebe dabei das Spielen in einem sehr hohen Tempo. Man muss die Brüche und die verschiedenen Haltungen schneller setzen, als die Zuschauer beim Fernsehen zappen können. Wir sind besser. Wir sind aktuell. Hier tut es weh." Ulla

Ermutigung - Schauspieler ist ein durch und durch bürgerlicher Beruf. Aber ganz ohne Weltschmerz geht es nicht.

An Propagandisten - Ihr solltet doch spielen. Und keine Orte auf der Bühne suchen, von denen ihr etwas verkündet!

Der Kaiser ist nackt! - Die Kritik an gesellschaftlichen Mythen spielt im Theater eine zentrale Rolle. Wer allerdings an ihnen rüttelt, riskiert, von der gesellschaftlichen Mehrheit, die sich in diesen bequemen Täuschungen und verkürzten Erklärungen gemütlich eingerichtet hat, schnell als feindselig, bösartig oder verrückt attackiert zu werden. Hier kann der Schauspieler schnell Opfer seiner Autonomie, seines Ungebunden-Seins, aber auch der raschen Vergänglichkeit seines Ruhmes werden. Man muss wissen, dass autonomes Denken und Fühlen eine unkritische Loyalität im Sinne der Verpflichtung, bestimmten Erwartungen anderer gerecht zu werden, ausschließen. Die Ablehnung der Einschränkungen, die Schauspieler dafür in Kauf nehmen müssten, um dauerhaft einer gesellschaftlichen Gruppe oder politischen Partei anzugehören, bezahlen sie mit dem Verzicht auf den Schutz, den eine solche Konstellation der ideellen Sesshaftigkeit bieten würde. Bis auf wenige Ausnahmen büßen sie dafür ebenfalls mit einem relativ niedrigen sozialen und ökonomischen Status. Dafür können sie sagen, dass der Kaiser nackt ist, wenn er nackt ist. Sie können die Legenden familiärer oder gesellschaftlicher Harmonie als Mythos entlarven und sich der mythologischen Zuschreibung von Schuld auf Sündenböcke widersetzen. Sie können dem Glauben an idealisierte Retter widerstehen. Ja sicher, da gibt es diese kommerziell erfolgreichen Blockbuster, wo die Helden so unfassbar makellos und die Bösen so abgrundtief verdorben sind, dass man nach fünf Minuten das Ende der Story bereits kennt und sich zu Tode langweilen würde, wenn in diesen dürftigen Märchen für Erwachsene nicht hin und wieder etwas Pyrotechnik aufgefahren werden würde. Wie glaubwürdig und berührend sind dagegen jene Geschichten, in denen es weder ausschließlich Gute noch Böse gibt. In denen man jede Figur und ihr Handeln in ihrer Tragik oder Komik, in ihrem Idealismus oder in ihrer Bösartigkeit doch auch verstehen oder wenigstens nachvollziehen kann. In denen alle Schicksale, egal wie fassungslos sie uns hinterlassen, von ihren Spielern bedingungslos verteidigt werden und die Dinge eben trotzdem am Ende so passieren, wie sie passieren. Der weise und gütige George Tabori schrieb über den Zerstörer seiner Familie, den Vernichter seines Vaters ein Theaterstück, eine Groteske: „Mein Kampf". Der Kaiser ist nackt wie jeder Mensch. Wer das einmal auszusprechen wagt, für den gibt es kein zurück mehr.

„Unsere Eltern haben sich doch alle irgendwie gebeugt und darauf geeinigt, dass es in unserem System grundsätzlich so läuft: Ihr dürft alles machen, aber nichts verändern. Ich will aber gar nicht alles machen, ich will lieber was verändern! Und dann erzählen mir ein paar Freunde, die mit uralten Nachkriegs-Ural-Motorrädern von Berlin Richtung New York gefahren sind, wie

sie dann in Georgien auf ein Militärgelände geraten sind und von hinten kommt schon die Streife und sie denken, jetzt ist es aus, jetzt ist der Drops gelutscht. Und die Soldaten halten und gucken und bestaunen die alten Maschinen, die ja letztendlich abgekupferte BMWs sind, nur dass an ihnen noch viel öfter was kaputtgeht, und dann zieht einer plötzlich ein riesiges Messer aus dem Mantel. Und die Jungs kriegen einen gewaltigen Schreck. Doch dann holt er noch eine Paprika hervor und köpft sie mit dem Messer. Er höhlt sie aus und sein Kumpel gießt die Paprika voll mit Wodka, bringt sie zu den Jungs rüber und klopft ihnen anerkennend auf die Schultern. Genau das ist es, was ich von mir und unserem Theater erwarte. Nämlich uns alle und die ganze Welt immer wieder mit der Hoffnung auszustatten, dass immer noch alles möglich ist.“ Jaro

Konfuzius spricht - Du kannst den Hahn einsperren, die Sonne geht trotzdem auf.

„Ich bin glücklich mit meinem Beruf. Besonders mit den Menschen, die diese Arbeit auf der Bühne und in meinem Kopf zu meinen Partnern machen. In der Schule gab man uns eine Liste mit Leseempfehlungen, u.a. Hans-Joachim Maaz. Seinen Ansatz, dass sich nur in der Beziehung mit einem Du das Ich richtig erfahren und entfalten lässt, mag ich sehr. Das hat viel mit meiner Arbeitsauffassung zu tun. „Ich liebe dich. Nicht nur, weil du so bist, wie du bist, sondern weil ich in deiner Nähe so sein kann, wie ich bin.“. Das ist einfach großartig. Oft denke ich, mein Gott, was habe ich für ein Glück gehabt. Vielleicht wollte ich am Anfang auch nur deshalb zum Theater, weil ich mir unbewusst davon erhofft hatte, eine andere, neue Beziehungskultur

kennenzulernen, eine Wahlverwandtschaft und dass sich dadurch vielleicht mein Leben verbessert." Franzi

Die Co-Kreativität - Das Theatermachen verlangt deine hoch entwickelte Individualität und ist dennoch in einer Zeit, die zunehmend zu einer Art Barbarei des Privaten tendiert, ein Urerlebnis ganz anderer Art. Denn du wirst Spezialist für menschliche Beziehungen. Du erfährst dich als das soziale Wesen, das du eigentlich bist. Egoismus macht hier keinen Sinn. Denn du bist abhängig. Vom Autor, vom Regisseur, vom Bühnenbildner, vom Kostümbildner, vom Bühnenkomponisten, vom Dramaturgen, von den technischen Gewerken, auch von der Souffleuse und vor allem von deinen Spielpartnern. Und am Ende auch vom Publikum. Theater ist ein Ort der Co-Kreativität. Du, der Omega, du, mit deiner Teilwahrheit, bist auf die anderen angewiesen und sie auf dich. Du erfährst die Freude, die sich einstellt, wenn man angebunden ist, sich erklären und verständlich machen kann.

„Dass mir endlich jemand zuhört. Dass ich endlich gesehen werde. Dafür bin ich bereit, fast alles zu geben." Franz-Hermann

„Die Leute fragen ja immer, und es ist nicht so, dass ich einen Hungerlohn bekomme, aber für vier Jahre Studium, ich habe einen Masterabschluss, ist das, was ich als Schauspieler hier verdiene superwenig, fast ein Witz. Trotzdem liebe ich das hier über alles und arbeite einfach immer weiter so viel. Warum ist das so? Keine Ahnung. Irgendwie habe ich das doch alles schon vorher gewusst. Man hat kein Wochenende und kann sich im Normalfall auch nicht die Stadt aussuchen, in der man arbeitet, vielmehr muss man gucken, welches Theater einen aufnimmt. Trotzdem bleibt es dabei, dass es für mich der schönste Beruf

auf der Welt ist! Er hat sein Versprechen gehalten. Ich kann mir nichts anderes vorstellen, was ich lieber machen würde." Gert

Ein Versprechen - Jede Geschichte ist ein Versprechen. Das Klingeln des Löffels am Weinglas erweckt unsere Aufmerksamkeit an der Tafel. Einer erhebt sich. Er hebt sich ab, um aus einer exponierten Position heraus zu agieren. Er möchte unsere Aufmerksamkeit. Und es muss etwas Besonderes sein, es muss ihm sehr wichtig sein, wofür er jetzt unsere Zeit beansprucht. Plaudert er nur ins Leere, hat er kein Anliegen oder geht es ihm nur um sich selbst, können wir ihn nicht ernst nehmen. Wir würden wütend werden. Falscher Alarm. Genauso ist es im Theater. Der Zuschauer ist extra für unsere Geschichte zu uns gekommen, mit der S-Bahn, dem Auto, zu Fuß. Er hat seine Erschöpfung nach seinem eigenen Tagewerk bekämpft, hat sich bewusst gekleidet, nicht selten mit Aufwand, hat an der Kasse dann den geforderten Obolus gezahlt. Er hat Erwartungen an unser Zusammentreffen entwickelt. Hoffentlich gefällt ihm unsere Geschichte, ist sie ihm Anregung, Zugewinn. Hoffentlich löst sie Emotionen in ihm aus. Er muss nicht alles mögen, was wir ihm erzählen, nicht einmal alles verstehen. Er darf uns auch ablehnen. Aber er muss sich sicher sein können, dass diese Geschichte von uns für ihn gemacht wurde.

„Es geht doch immer wieder um die Aufnahme von Beziehungen. Vor unserem Theater steht zum Beispiel so ein großer Aschenbecher aus grauem Metall. Das Ding ist natürlich immer rammelvoll. Besonders nach den Pausen in den Vorstellungen, wenn hundert Leute auf der Straße stehen und reden und rauchen. Manchmal brennt es auch ein bisschen in seinem Inneren. Gestern Vormittag vor der Probe stand ich auch wieder da und zog noch schnell eine durch. Da kam ein Mann von der

Stadtreinigung und leerte ihn in sein Reinigungsfahrzeug aus und ich sagte zu ihm: „Das ist ja schön, dass sie das machen." Und er sagte verblüfft: „Das mache ich doch schon viele Jahre." Dann stieg er in sein Auto und ließ den Motor an. Aber das verrückte war, er fuhr nicht los. Er saß einfach in seinem Auto und guckte nach vorn. Und ich dachte, komisch, vielleicht wird ihm erst jetzt bewusst, was er da die ganzen Jahre über gemacht hat, weil ich ihn wahrgenommen habe. Schließlich fuhr er los, blieb aber nach zwanzig Metern wieder stehen und wendete plötzlich. Er kam noch einmal zu mir zurückgefahren und winkte. Und ich winkte zurück. Es war, als ob er sich plötzlich seiner Existenz bewusst wurde, als Person, als Mensch, weil ich ihn gesehen habe. Und da dachte ich, genauso ist es doch im Theater. Die Leute kommen zu uns, damit wir sie spiegeln. Damit sie sich vergewissern können, dass sie da sind. Dass es ihre großen Gefühle, ihre Hoffnungen und ihre Gedanken wirklich gibt. Und dass die Liebe, zu der sie in ihrem Inneren fähig sind, wirklich existiert." Klara

Gute Frage - Soll sich das Publikum im Theater vergessen oder erinnern?

„Das Theater hat mich gerade voll und ganz aufgesaugt. Ich fühle mich ausgeliefert und benutzt, so wie ein Arbeiter am Fließband. Dabei heißt doch unser Spielzeitmotto „Verschwende deine Zeit." Ich verschwende meine gerade ausschließlich in dieser Theaterfabrik! Tag und Nacht und trotzdem ist es toll, toll, toll! Ich habe ja noch die rosarote Theaterbrille auf. Aber vielleicht mache ich meiner Liebsten auch einfach mal ein Kind, dann kann ich auf drei Stücke verhandeln statt sieben für die

nächste Spielzeit. Das reicht eigentlich und da habe ich keine Angst. Das habe ich in unserer Theaterzeitung auch schon so gesagt.“ Robbi

Noch eine gute Frage - In jedem Clown steckt auch ein Tragöde. Aber steckt in jedem Tragöden auch ein Clown?

„Ich habe noch immer Schulden, denn ich musste einen Bildungskredit für das Studium aufnehmen. Ich hatte zwar einen Anspruch auf Bafög, aber meine Eltern konnten mir trotzdem nicht regelmäßig was geben. Hätte ich sie verklagen sollen? Sie haben es schon so schwer genug. Also beendete ich das Studium mit zehntausend Euro Schulden zu fast sechs Prozent Zinsen. Als dann die Zinsen allgemein auf ein Prozent fielen und ich umschulden wollte, wurde ich von allen Banken abgelehnt: „Schauspielerin? Tut uns leid, leider nein.“ Also zahle ich jetzt noch ewig eine Menge Zinsen darauf, bis das endlich vorbei ist. Und dann weine ich eben. Besonders, wenn ich schon wieder Weihnachten nicht nach Hause komme, weil ich eine Märchenvorstellung nach der anderen spielen muss und mit meinen eigenen kleinen Geschwistern Heilig Abend nur über Skype ein paar Lieder singen kann. Dann klappe ich den Laptop zu und denke, was mache ich hier nur für eine Scheiße. Keiner nimmt mich in den Arm. Und ich höre immer noch die Kollegin aus dem KBB, wie sie mich tröstet: „Kopf hoch! Dir tut doch nichts weh. Du bist doch robust.“ Mia

Über die Solidarität - Ihr Schauspieler! Lasst euch nicht einreden, ihr wäret entbehrlich! Man könnte euch etwa ohne Folgen die Gagen kürzen! Stellt euch nur mal vor, es würden eines Tages nur noch

Wiederholungen im Fernsehen ausgestrahlt! Oder keine neuen Kinofilme gedreht! Oder keine neuen Theaterstücke inszeniert! Oder keine neuen Lieder gesungen! Wie lange würde es dauern, bis sich eure Zuschauer in stetig wachsenden Demonstrationszügen auf den Straßen versammeln? Zwei Wochen? Drei? Vier? Und auf ihren Transparenten würden sie euch anflehen: „Erzählt uns neue Geschichten!" „Wir wollen wieder lachen!" „Wir wollen wieder weinen!" „Singt uns neue Lieder, wir können nicht einschlafen!" „Unterhaltet uns!" „Wir brauchen euren Trost!" „Wir ängstigen uns ohne euch!" „Uns ist so langweilig!" Ja, ihr Künstler, ihr Schauspieler, ihr wäret eine mächtige Berufsgruppe, wäret ihr untereinander solidarischer, wäret ihr!

„Die prekären Arbeitsverhältnisse sind längst kein Geheimnis. Verglichen mit der Tariftabelle des Öffentlichen Dienstes gleicht das Einstiegsgehalt eines Schauspielers - an Landesbühnen und Stadttheatern ohne Haustarifvertrag, sonst ist es oft noch weniger - dem einer Küchenhilfe. Darüber aufzuklären und dagegen anzukämpfen ist ungeheuer wichtig, denn wir brauchen die Besten für unseren Beruf. Dennoch gibt es ein Gut jenseits vom Geld, das unbezahlbar ist und das mich zuversichtlich stimmt, dass es diesen Beruf auch noch in tausend Jahren geben wird. Es ist die Welt der eigenen Freiheit, die sich durch das Schauspielen immer wieder erschaffen lässt. Ich bin dankbar für alles, was ich erleben und erfahren durfte. Ich würde es immer wieder tun. Ich liebe dieses wunderbare und sinnlos sinnhafte Theater." Huck

Theaterspielen ist Schwerarbeit - Unter dem Packeis des Nordens lebt das älteste Lebewesen unseres Planeten. Ein Riesenschwamm. Er heißt scolymastra joubini und soll etwa zehntausend Jahre alt sein. Er lebt dort auf dem Grund des arktischen Ozeans. Er hat fast keinen Stoffwechsel und hat in seinem ganzen Leben bisher eine Strecke von etwa einem Meter hinter sich gebracht. Er ist wahrlich kein Verschwender. Er hat ein erstarrtes Leben in ewiger Dunkelheit und Kälte gewählt. Sein Gegenbild ist der Schauspieler. Wir wissen, diese Existenzform braucht sehr viel Licht, sehr viel Wärme und extrem viel Bewegung. Aber er reproduziert das alles auch gleichzeitig wieder. Licht, Wärme und Bewegung. Er ist sozusagen der König des Stoffwechsels. Einer, der sich verschwendet. Vielleicht wurde deshalb nach dem letzten Weltkrieg, wo Licht und Wärme, also Hoffnung, Mangelware waren, Schauspielern und anderen „Kultur- und Kunstschaffenden" von der SMAD in Berlin die nährstoffreichste Lebensmittelkarte der höchsten Kategorie „Schwerarbeiter und Arbeiter in gesundheitsschädlichen Betrieben" zugestanden.

„Ich verschenke das, was mir geschenkt wurde und arbeite neben meinen Rollen am Theater für null in unserem Theaterjugendclub mit Kindern und Jugendlichen. Auch mit welchen, die ebenfalls mal Schauspiel studieren wollen. Und da sitze ich auf meinem Stuhl und höre mich so reden und plötzlich denke ich, das gibt's doch nicht, du sagst ja gerade genau das, was damals an der Schule immer zu dir gesagt wurde. Und da habe ich bestimmt nicht immer alles verstanden. Also war jetzt endlich der Groschen bei mir gefallen, denn diese Gedanken und Worte sind mir bei der Beobachtung der Jugendlichen gerade von selbst in den Mund gekommen. So lernt man beim Lehren. Das ist phänomenal schön. Das verschafft mir einen großen inneren Zusammenhang." Sana

Gut zu wissen - Es ist faszinierend, wie jeder von uns als Teil einer unendlichen Kausalkette auf den Schultern seiner Lehrer steht, die wiederum auf den Schultern ihrer Lehrer stehen und die wiederum auf denen anderer Generationen weiter unten, längst vergessenen. Und wie auf einem selbst schon die nächste Generation agiert, während sich die Übernächste auf ihr bereits aufzurichten beginnt.

Die Spielmacher - Tabori, der das Wort Regie nicht mochte, weil es ihn zu sehr an Regime erinnere, bevorzugte den Begriff Spielmacher. Hans-Dieter Schütt beschrieb seine Arbeit so: „Wenn er Regie führte, war es wie ein Ausflug, kein Vormarsch. Er befahl nicht, er hörte zu. Er hatte keine Ideen, er besaß Muße und Geduld. Man könnte sagen, er ließ seine Schauspieler allein, aber er tat es so, dass ihr schlimmstes und gefahrvollstes und peinigendstes Empfinden, ungeschützt zu sein, ein Gefühl großer Freiheit wurde. Tabori entfernte durch Güte, Interesse und raffinierteste Bescheidenheit alles aus den Proben, was die Welt unfreundlich macht: Ehrgeiz, Drang nach Perfektion, Unanfechtbarkeit, Besserwissen, Angestrengtheit, Aufwendigkeit, Lautstärke, Brillanz, Nachtragenheit, Kopflastigkeit, Verstiegenheit, Einseitigkeit, Grundsätzlichkeit, Resultatswillen." Eine bessere Beschreibung unserer Arbeit lässt sich nicht denken.

Sisyphos: Nichts Geringeres als die Rettung der Welt - Unsere Welt ist ein empfindliches Unikat. Unsere zerbrechliche Erde schwebt durch den Weltenraum genau wie der porzellane Teller, der im Zirkus von einem Artisten mit einem Bambusstab waagerecht rotierend in der Luft gehalten wird. Hoffentlich versteht er seine Kunst. Wir bestaunen ihn dafür, dass es ihm immer wieder gelingt, seinem Teller vor dem gerade drohenden Absturz noch einen neuen Schwung zu versetzen, so dass er doch nicht fällt. Das sieht gefährlich aus. Und diese Gefahr macht uns genauso viel Freude wie seine Meisterschaft. Der Artist ist hochkonzentriert. Es ist nicht selbstverständlich, dass der Teller nicht fällt und zerbricht. Trotzdem lächelt er bei seiner Arbeit sanft in sich hinein. Wir beobachten ihn, glauben ihn zu durchschauen, kennen ihn aber nicht. Vielleicht befindet sich auf so einem ewig schwebenden Teller die ganze Menschheit? Dann müssen wir Theatermenschen versuchen, dem großen Artisten zu helfen, indem wir immer zu der Seite eilen, wo gerade zu wenig Menschen sind, um das Gleichgewicht zu halten. Der Kinderglaube, dass schon alles gut gehen wird, kann, nach allem was war und ist, Künstlern keine ausreichende Beruhigung verschaffen. Stammt daher vielleicht auch die ewige Unruhe, das Unstete, das jede Schauspielerin und jeder Schauspieler in sich verspürt? Theaterarbeit hat durchaus eine religiöse Nuance. Ob wir dafür gelobt oder belächelt werden, darf für uns keine Rolle spielen. Zu unserer Kunst muss es gehören, durch unser Spiel das Interesse und vielleicht sogar das Verstehen und Mitgefühl für die „andere Seite“ in uns zu wecken und öffentlich das noch nicht Sichtbare, aber von den Mutigsten schon Denkbare zu träumen: Dass es uns Menschen möglich sein kann, in weitgehend verstandener, geklärter und friedlicher Beziehung mit uns selbst und der Welt zu stehen.

„Das habe ich gelernt. Ich lasse mich nicht mehr totmachen. Ich will mein Gefühl für das Leben nie mehr vergessen, das ich auf der Schule hatte. Wenn ich heute mal müde oder traurig bin, weiß ich sehr gut, wie ich mich wieder lebendig machen kann. Ich habe gelernt, dann auf das Echte zu warten. Ich pflege meine Sehnsucht und gebe ihr Raum und Zeit. Das bleibt mir hoffentlich noch bis zum Schluss. Schrullige Menschen, um die andere lieber einen Bogen machen, sind mir dadurch oft nah. Ich wäre in meinem jetzigen Beruf ganz sicher eine andere ohne die Schauspielausbildung. Mehr sportlich und viel weniger emotional. Da

ich mich jetzt aber traue, so zu sein, wie ich wirklich bin, ernte ich oft überraschte Blicke oder ein Lachen. Ich finde oft einen besonderen Kontakt zu meinen Patienten. Das tut ihnen gut und das macht mir die Arbeit leichter. Ich bin eigentlich nur am Ernten. Das wird dann zu einem Bedürfnis, so in den Kontakt zu gehen. Natürlich kann man sich immer vorher überlegen, ob man es tut oder nicht. Aber du kennst die Belohnung. Du weißt, was dich erwartet, wenn du es wieder geschafft hast.“ Linda

Aus dem Chinesischen - Selig, wenn Liebe die Maske lüften darf, ohne Entsetzen zu stiften.

„Das war ein Kampf, der mich an meine Grenzen gebracht hat. Ich wusste, wenn ich meinen Kopf an den Regisseur abtrete und einfach alles ausführe, was mir gesagt wird, bin ich genauso schlecht beraten, wie wenn ich den ewigen Störenfried mache. Und dann hatte ich plötzlich mal wieder so eine Sternstunde der künstlerischen Liebe, ich bestand auf meine Unangepasstheit und mein kreatives Material und dieser diktatorischste aller Regisseure, den ich bisher kennengelernt hatte, verlangte auch genau das von mir, denn er wusste, dass er mit den Opportunisten allein niemals zu solch einem Ergebnis kommen würde, so einen Erfolg würde erringen können.“ Magda

Das Verlassen der Zeit: Authentizität - Es gibt eine Furcht, die jeder, natürlich auch der Schauspieler auf der Bühne, gut kennt. Sie entsteht vor allem aus dem Gefühl, zu wenig Zeit zu haben und aus dem Druck, trotzdem sofort etwas liefern zu müssen. Ohne vorher wirklich gedacht und gefühlt zu haben, liefern wir unter Bedrängnis Halbwahres und Halbgares. Wir täuschen Lebendigkeit vor und sind doch dabei im Innersten erstarrt. Es bleibt uns nur die Hoffnung, dass unsere Hilflosigkeit unbemerkt geblieben sein möge, und dabei ahnen wir schon, dass wir gerade etwas Wesentliches verpasst haben und die Gelegenheit, authentisch zu sein, nicht wahrgenommen haben. Diese Furcht stammt aus unserem Unterbewusstsein. Sie speist sich aus dem Wissen um die Begrenztheit unserer Fähigkeiten und unseres Talents. Aus der Ahnung von unserer Endlichkeit. Aus dem Wissen um die Limitiertheit von Möglichkeit und Zeit. Das kann auch der Schauspieler als Mensch nicht ignorieren und dennoch muss er sich, um spielen zu können, ähnlich einem spielenden Kinde, dem diese Not noch unbekannt ist, immer wieder von dieser Furcht lösen. Er muss in der Lage sein, sich während seines Spiels auf der Bühne professionell von der Zeit abzukoppeln. Er muss sich in diesem Augenblick von dem Gedanken an Wirkung, Nutzen und Effektivität ablösen können und das ist paradox, denn genau diese Überlegungen haben die Vorbereitung seines Spiels bestimmt. Dazu gehört viel Mut. Im Unterschied zur redlichen Präsentation des Auswendiggelernten und des Ablieferns des Verabredeten und Eingeübten geht der authentische Schauspieler auf der Basis des erst Erforschten, dann Erkannten und nun Beabsichtigten in seinem Spiel auf Risiko. Er verlässt die Zeit. Er riskiert die Transzendenz, den organischen Kontrollverlust. Er gibt sich ganzheitlich der spielerischen Authentizität des Augenblicks hin und wird dafür mit dem Magischen Moment und der genialen Augenblickseingebung belohnt. Er ist der Macher und lässt gleichzeitig zu, dass das, was er macht, etwas mit ihm macht. Er spürt mit jeder Zelle seines Körpers, dass plötzlich alles stimmt, dass sich sein Spiel richtig und gut anfühlt und er sich plötzlich in einem grenzenlosen Zusammenhang befindet. Er befindet sich in einem sinnlichen und sinnhaften Kontakt mit allem Gewesenen und Zukünftigen und ist dabei in eine andere Wahrnehmungsebene hinübergewechselt. Er hat sich vergessen und ist dennoch völlig er selbst. Der Beifall des Publikums, der den Schauspieler aus der Euphorie des Mit-allem-eins-Seins reißt, kann deswegen auch süß und schmerzhaft zugleich sein. Es gibt keine größere Leere, als die ersten Minuten vor dem Schminkspiegel der Garderobe nach einer gelungenen Vorstellung.

„Mama, ich lebe! - Ich habe mit meiner Mutter, sie macht sich immer viele Sorgen, gerade am Telefon gesprochen. Ich stamme aus einer kleinen Stadt mit guten und braven Menschen. Mit vierzehn brach mir dort das erste Mal wirklich heftig das Herz. Niemand konnte mir helfen. Nein, nicht wegen eines Mädchens, so wie es später noch oft passieren sollte. Wegen eines Films! Ich weinte einfach, weil er zu Ende war. Weil es nicht mehr weiterging und weil ich nach der letzten Szene dieser Geschichte so unglaublich allein in dieser braven Stadt zurückblieb. Es war „Der Club der toten Dichter“. Niemals werde ich Whitmans Zeilen daraus vergessen: „Ich brülle mein barbarisches Johoo über die Dächer der Welt.“ Man muss etwas wahrhaftig Großes zwischen sich und seinen Tod schieben. Deshalb bin ich wohl Schauspieler geworden. „Die Tragödie des Menschen ist vielleicht das einzig Bedeutende an ihm“, schrieb Eugene O´Neill. Der Mann ist Nobelpreisträger, der muss es ja wissen. Das hat einen Humor, von dem ich mich gerne anstecken lasse.“ Henrik

Eine letzte Ermutigung - Es gibt eine alte Geschichte, die erzählt, dass vor langer Zeit in einem fernen Land ein Herrscher seine drei weisesten Berater beauftragte, ihm alles Wichtige über die Welt zusammenzutragen und vorzulegen. Nach drei Jahren brachten ihm die Weisen drei dicke Bücher, in denen sie alles notiert hatten, was ihnen des Wissens wert erschien. Doch der Herrscher war unzufrieden:

„Wann soll ich das alles lesen? Ich muss regieren! Es muss euch doch möglich sein, auch aus diesem Wissen das wirklich Wichtigste herauszufinden!“ Und die Weisen machten sich wieder an die Arbeit. Nach weiteren drei Jahren wurden sie wieder bei ihrem Herrscher vorstellig, dieses Mal hatten sie nur ein dickes Buch mitgebracht: „Siehe, oh Herr, es ist uns deinem Wunsch entsprechend gelungen, das allerwichtigste Wissen dieser Welt in einem einzigen Buch zu versammeln!” Doch der Herrscher war wieder unzufrieden: „Ich bin inzwischen alt geworden. Meine Augen werden schlecht und mir bleibt nur noch wenig Zeit. Euer Buch kann mir nichts mehr nützen. Deshalb verlange ich jetzt von euch, kürzt dieses Wissen auf einen einzigen Satz zusammen, wenn euch euer Leben lieb ist! Findet den Gedanken, der jede Frage beantwortet und so dem menschlichen Schicksal gerecht wird!“ Die Weisen nahmen also auch dieses Buch wieder mit und machten sich erneut an die Arbeit. Nach weiteren drei Jahren standen sie erneut vor dem Thron ihres Herrschers, knieten ängstlich nieder und sagten: „Oh Herr, wir haben den Gedanken, der all deine Fragen beantwortet für dich gesucht und gefunden. Es ist ein Satz, der die universelle Fähigkeit besitzt, für jede Situation und sei sie auch noch so unvorstellbar, eine abschließende Gültigkeit zu besitzen. Er lautet: Auch dies wird vorübergehen.“
Dieser Satz, dieser Gedanke ist mir immer ein großer Trost. In schlimmen Zeiten sowieso, weil er ein Ende der Leiden verspricht. In guten Zeiten erst recht, weil er mich ermutigt, nein, mich geradezu verpflichtet, diese guten Zeiten bis zum letzten Augenblick vollständig auszukosten.

„Ich habe gesehen, wie eine ältere Kollegin, sie war schon im Rentenalter, hatte Gicht und wog locker mehrere Zentner, an Krücken zur Seitenbühne gehumpelt kam, dort ihre Gehhilfen

beim Inspizienten abstellte, auf die Bühne trat und ihren Auftritt mit so einem Charme und so einer Beweglichkeit spielte, dass kein Mensch hätte glauben mögen, dass sie so krank war. Sie war wirklich hinreißend. Es gab fast immer Szenenapplaus. Und niemand im Publikum sah, wie sie sich, nachdem sie von der Bühne getänzelt war, ja, sie tänzelte tatsächlich, erschöpft den auf sie wartenden Bühnentechnikern in die Arme fallen ließ. Sie ruhte sich kurz aus, nahm dann ihre Krücken und humpelte vorsichtig in die Kantine, um ihren Kaffee zu trinken. Ich weiß nicht, ob ich das auch so wollen würde, aber es war beeindruckend.“ Jana

Goethe - Der Ausgang gibt den Taten ihre Titel.

„Ich werde im Sommer aufhören und hoffe erst mal nicht in ein Festengagement am Theater zurückzumüssen. Nicht, weil ich finde, dass das kein toller Beruf ist, sondern weil es mich dahin zieht, meine eigenen Geschichten zu erzählen. Dass mein Beruf zu schlecht bezahlt, familienunfreundlich und lebensverkürzend sein kann, wusste ich vorher. Was der Beruf aber mit sich bringt, ist Reichtum. Ich genieße diesen intensiven Kontakt zu anderen Menschen. Ich höre ihnen gerne zu und ich verurteile sie nicht. Zumindest meistens. Dieser Blick auf das Leben, der mich jetzt meine eigenen Filme machen lässt, hat viel mit meiner Ausbildung an der Leipziger Schule zu tun.“ Sindy

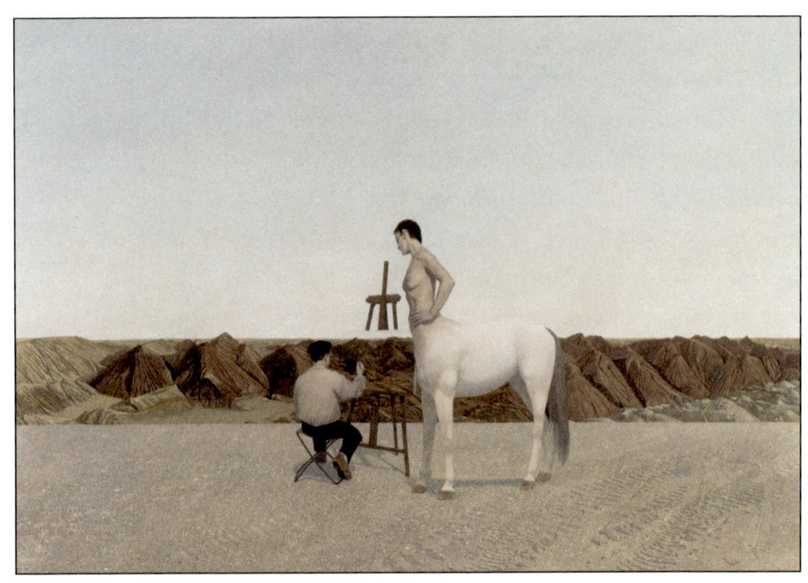

VI. ALPHA CENTAURI

Das Ende ein Anfang - Du hast nun dieses Buch fast bis zu seinem Ende gelesen. Hoffentlich hat es dir geholfen, eine Vorstellung davon zu entwickeln, in welchem Spannungsfeld sich der Beruf des Schauspielers befindet. Eine elektrisierte Existenz, ein immerfort wie durch die Spannung eines gegenpoligen Energiefeldes quasi in der Schwebe gehaltenes Sein. Das musst du wollen und das musst du aushalten können. Und das darfst du genießen. Du selbst wirst mit deiner Lebenskraft diese beiden Pole, Kopf und Bauch, wiederum mit

Energie versorgen müssen, wenn du weiter schweben willst. Immer wissend, es gibt keine Wahrheit, nur das Bemühen um die Wahrhaftigkeit. Alles ist mehrdimensional oder eben wenigstens bipolar, so wie man für alle in diesem Buch erzählten Geschichten und Theorien mindestens einen Menschen finden kann, der sicher mit Recht von sich behaupten könnte, dass bei ihm genau das Gegenteil zuträfe.

„Ich wurde, bin und bleibe Schauspieler, um mich selbst zu legitimieren. Das ist ein sehr intimer und zerbrechlicher Gedanke. Es geht dabei nicht nur um eine Bestätigung von außen, sondern auch um das Gefühl, seinen Platz gefunden zu haben. Einen relevanten Platz.“ Konni

Cheiron am Himmel - Wenn du möchtest, kannst du Cheiron den Zentauren, du erinnerst dich, ich habe am Anfang dieses Buches Schauspieler mit Zentauren verglichen, als Alpha Centauri in dunkler Nacht als Sternbild am südlichen Sternenhimmel erblicken. Er ist das hellste Objekt in diesem System. Mit bloßem Auge sind seine Komponenten A und B von der Erde aus nicht zu trennen. Doch schon die Griechen wussten von der Existenz dieses Doppelsterns. Alpha Centauri wird von den Wissenschaftlern heute zu den am meisten erdähnlichen Planeten außerhalb unseres Sonnensystems gezählt und wer weiß, vielleicht weist die Transzendenz dieser Himmelserscheinung auf einen göttlichen Ursprung hin.

die zukunft - „...ist ne abgeschossene kugel / auf der mein name steht / und die mich treffen muss“, sang der Liedermacher Gerhard Gundermann, „und meine sache ist wie ich sie fange / mitm kopf mitm Arsch mit der Hand / oder mit der wange / trifft sie mich wie ein torpedo / oder trifft sie wie ein kuss.” Schauspielkunst und

Schauspielausbildung sind abhängig von den Menschen, die sie gemeinsam machen, von den gesellschaftlichen Umständen, in denen diese Arbeit stattfindet und von dem Gegenstand, um den es in der künstlerischen Auseinandersetzung geht. In dem offenen Forum, das Kunst immer sein sollte, wird jede neue Dozentin, jeder neue Dozent, jede neue Studentin und jeder neue Student, jede neu entdeckte Autorin und jeder neu entdeckte Autor die Schule immer wieder verändern. Wir sind am Leben. Wir sind in Bewegung. Und es bleibt uns auch nichts anderes übrig. Dabei müssen wir unverhältnismäßig sein und gemeinsam über die uns umgebenden Verhältnisse hinausgehen, sonst können wir uns nicht entfalten. Unser größter Widersacher, die Todsünde, die uns daran hindern will, ist die Angst. Sie gilt es zu überwinden. Insofern ergänzt das Theater seit jeher hervorragend das Modell von den sieben Todsünden der Religion. Wir dürfen vermuten, dass dieses Modell die Angst als einen wesentlichen Verhinderer von freiem Leben einst nur deshalb nicht benennen wollte, weil die Religion selbst über Jahrhunderte von ihr profitierte. Die Fähigkeit, Gefühle wahrzunehmen und dann zur Beurteilung von Situationen zu gebrauchen, oder zum Abfluss des eigenen Empfindens zu entäußern, ist menschheitsgeschichtlich und individualpsychologisch wesentlich älter als unsere erst später erworbene Fähigkeit zu denken. Über emotionale Zeichen kann sich bereits ein Baby verständlich machen. Der entwickelte gedankliche Austausch dagegen benötigt die Augenhöhe von intellektuellen Fähigkeiten. Seit den ältesten Epochen der Menschheit leisten Theaterkünstler, denen es gelingt, ihre eigene emotionale und gedankliche Abhängigkeit zu identifizieren, die sich quasi entfesseln können, auch den Irrtümern ihrer Zeit Widerstand. Sie legen sprichwörtlich ihre Finger in die Wunden. Dazu müssen sie ihre aktuellen Überlegungen in die uralten Zeichen der Emotionen zurückübersetzen, um auf diesem gemeingültigsten aller

Nenner, den wir Menschen besitzen, den ersten Kontakt mit ihrem Publikum herzustellen. Die durch das Lachen, den Jammer oder das Erschaudern erzeugten Erschütterungen und die Begeisterung sollen die Lust transportieren helfen, über das gerade Gesehene, Gehörte und Erlebte nachzusinnen. Was so erfahrbar wurde, wird so auch besser verstehbar und damit möglicherweise auch veränderbar. Die erste Botschaft des Theaters lautet also immer: Wir sind frei!
Selbst eine Liebesgeschichte hat auf diese Weise eine politische Nuance. Wir ringen auf der Bühne öffentlich mit unserer Gefühlsangst und unserer Gedankenträgheit, genauso wie wir auch immer wieder gegen die Fremdsteuerung von Gefühlen und Gedanken antreten. Die Frage der Wahrnehmung, dass wir Menschen Manipulation und Erpressung nicht hilflos ausgeliefert sein müssen und dass wir uns sogar von bereits verinnerlichter Selbstverleugnung wieder befreien können, ist existentiell. Von den Dramen der Antike bis zu den Wortkaskaden des postdramatischen Theaters der Gegenwart bietet das Schauspiel immer wieder die Entdeckung an, dass es noch nie hilfreich war, den Gürtel um Emotionen oder Gedanken wieder einmal enger zu schnallen. Die zunehmende innere Not führt unweigerlich irgendwann zu selbstgefährdenden Entladungen, psychosomatischen Erkrankungen und physischer Gewalt. Jedes aufrichtige Nachsinnen über unsere individuelle und gemeinschaftliche Gegenwart und das unweigerlich kommende Morgen zwingt uns eine Erkenntnis ab: Es gibt für uns keine Zukunft ohne unsere Vergangenheit. Wir müssen uns mit ihr auseinandersetzen. Oder um mit Claus Peymann zu sprechen: „Wir können unsere Geschichte nicht verscharren wie Katzen ihre Scheiße." Der Soziologe Jean Ziegler hat bei einem Theatertreffen der Schauspielstudierenden nach seinem Exkurs über die vollendete Entfremdung und den damit einhergehenden Identitätsverlust ablesbar an der Neigung der meisten Menschen, sogar gegen die

eigenen Interessen zu entscheiden, den Studierenden bestätigt, dass das Theaterspielen ein sehr effizientes Mittel zur Wiederherstellung unseres Identitätsbewusstseins ist. Mit den sich daraus zwingend ergebenden sozialen, ökonomischen und ökologischen Konsequenzen und als Basis für den Aufstand des Gewissens. Theater ist Integrationsarbeit. Wir kämpfen um unsere Identität als Voraussetzung für unser Glücklich-Sein. Es geht auf der Bühne immer um unsere Identitätsverhältnisse.

Machen sie bitte ihre Handys aus - Im Theater steht die Zeit still. Die Spielenden treffen sich mit ihrem Publikum in einem hermetisch abgeschotteten, meist dunklen Raum. Für das, was zwischen Bühne und Saal entstehen soll, braucht es Zeit und Stille, Fokus und Konzentration. Wenigstens für die Spanne der Vorstellung befreien sich alle Anwesenden vom Draußen. Machen sie bitte ihre Handys aus. Das ist die Verabredung. Kunst muss frei sein. Deshalb muss sie auch gut bezahlt werden. Schielt sie auf den schnellen Erfolg, geht das Theater nur auf den Markt, wird sie schnell zum Kunstgewerbe und aus unserem Tempel wird ein Gewerberaum. Das Gewerbe aber hat keine Zeit. Es muss den wechselnden Geschmäckern nachlaufen.

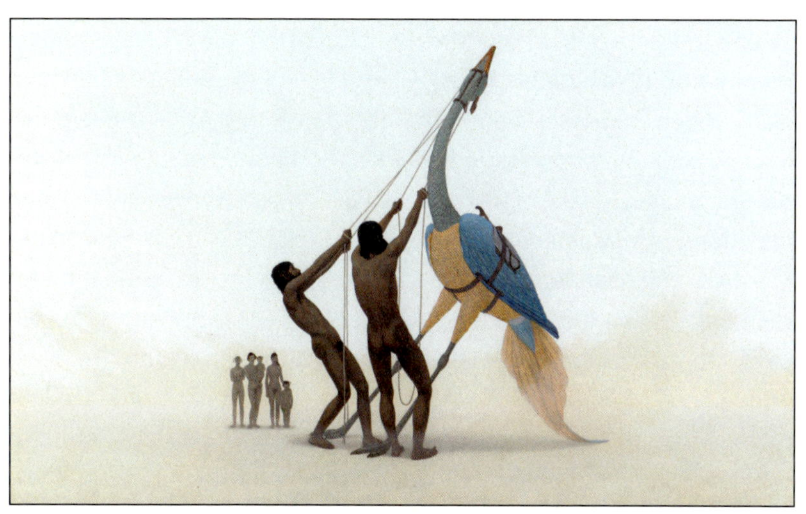

VII. EPILOG –

EINE PERSÖNLICHE GESCHICHTE

Artus, ein gerechter und friedliebender König, scharte edle Ritter um sich, die innerhalb der Tafelrunde ihm gleichgesetzt waren. Es galt, den heilbringenden Gral zu finden und ritterliche Tugenden zu verteidigen - Glaube, Hoffnung, christliche Liebe, Gerechtigkeit, Klugheit, Stärke und Mäßigkeit. (Programmheft, Theater Plauen, 1989)

Am 14. Oktober 1989 fand im Theater der Stadt Plauen eine denkwürdige Premiere statt. „Die Ritter der Tafelrunde". Nach Dresden die zweite Inszenierung dieses von Christoph Hein als bittere Komödie getarnten Endzeitdramas in der DDR. Heins Figurenensemble lehnt sich an den Sagenkreis um den britischen König Artus an. Die früheste Erwähnung von Artus findet sich in einer Fassung der Historia Brittonum. Diese Chronik erwähnt die beiden Kontrahenten Artus und Mordred im Zusammenhang mit der Schlacht von Camlann in der Mordred fällt, nachdem er Artus tödlich verwundet hat. In einer anderen überlieferten Geschichte spricht der Magier Merlin jedoch davon, dass Mordred eines Tages auf Artus' Thron sitzen werde. Bei Hein - der seinen Mordret mit „t" am Ende schreibt - hat die Mordred-Figur dagegen einen neuen und überraschenden Charakterzug. Mordret will den Thron seines Vaters Artus nicht. Ich durfte damals in Plauen jenen Mordret spielen, der alle Regeln am Hofe Artus brechend im Kronleuchter über dem berühmten runden Tisch der Tafelrunde schaukelte und dabei Nüsse knackte. Mordret verhielt sich dabei wie ein Schauspieler, denn er demonstrierte etwas. Er demonstrierte seine ablehnende Haltung zu dem, was da unter ihm ablief. Gleichzeitig hatte er sich auf diese Weise vor seiner streitenden Elterngeneration in Sicherheit gebracht. Die Situation war gefährlich. Die Zukunft des zerfallenden Reiches stand auf dem Spiel und Mordret hatte schon längst den Glauben an die Legende vom Heiligen Gral, der, würde er endlich von den Rittern gefunden, eine endgültige Erlösung von allen Übeln bringen würde, verloren. Besonders Keie, ein Mitglied der Tafelrunde, ein Hardliner, beobachtete ihn daher mit Misstrauen.

KEIE: Gnade uns Gott. Ich weiß nicht, was wir falsch gemacht haben, aber wir müssen offenbar entsetzliche Dummheiten begangen haben, wenn solche Leute das ganze Ergebnis unserer Bemühungen sind. Nichts bedeutet ihnen etwas, sie spucken auf den Gral, sie spotten über unsere Ideale, sie lachen über

uns. Und wir? Wir haben unser Leben für eine Zukunft geopfert, die keiner haben will. (...) Ich habe Angst in die Grube zu fahren und unsere Welt Leuten wie deinem Sohn zu hinterlassen.

Die Premiere war bereits frühzeitig ausverkauft. Sie wurde als ein Geheimtipp in der Stadt gehandelt und sie dauerte dann auch statt der geplanten zweieinhalb Stunden fast doppelt so lange, weil das Publikum mitten im Spiel ständig Beifall spendete. Die Geschichte, die wir auf der Bühne erzählten, erzeugte, das wird mir unvergesslich bleiben, geradezu eine Art ständigen Aufruhrs im Zuschauersaal. Doch schon unsere vorherigen Proben waren für mich damals ungeheuer aufregend gewesen. Regisseur Ekkehard Dennewitz hatte die Rollen sehr klug und effektiv mit Schauspielerinnen und Schauspielern besetzt, von denen er wusste, dass sie die jeweiligen Haltungen ihrer Rollen weitestgehend auch persönlich teilten. Viele politische Köpfe waren in dieser Produktion versammelt. Einigen wurde später vorgeworfen, als IM der Staatsicherheit tätig gewesen zu sein. Trieb sie in unserer Arbeit nur der Wunsch nach künstlerischem Erfolg oder hatten sie selbst Sehnsucht nach einer politischen Veränderung im Land? Arbeiteten sie damit nicht auch bewusst an ihrer zukünftigen Bloßstellung? Was damals in den Menschen vorging, ist in seiner Komplexität und Widersprüchlichkeit heute nur noch schwer und unvollständig nachvollziehbar. Allein diese Randgeschichte vermittelt uns wohl heute noch eine kleine Ahnung von dem aufregenden Duft jener Zeit. Die von Dennewitz besetzten Spieler waren jedenfalls von der Fabel des Stücks, dem Untergang eines Gesellschaftsentwurfes aus Mangel an Offenheit und realistischen Visionen selbst so persönlich betroffen, dass sie auch in den Arbeitspausen ihre Figuren in der Kantine des Theaters quasi weiterlebten. Keie, der Hardliner war, wenn ich mich richtig erinnere, zum Beispiel tatsächlich der Parteisekretär des

Theaterkollektivs. Es gab in der Kantine täglich wütende politische Auseinandersetzungen. Regelrechte Tumulte. Es wurden öffentlich Parteidokumente zerrissen. Türen knallten. Tränen, reichlich Alkohol und viele böse Worte flossen. Dazwischen immer wieder Momente beängstigender Stille. Uns alle beflügelte und ängstigte damals zugleich eine Art Entsetzen durch die Gewissheit, mit dem Stück unglaublich nah an der Wirklichkeit zu sein. Unser Theaterspiel und unsere Lebensrealität vermischten sich unentwegt. Erbarmungslos. Und - was wir damals noch nicht wissen konnten - unwiederbringlich. Ich liebte meine Kolleginnen und Kollegen und unseren gemeinsamen Wahrheitsrausch, den diese Arbeit durch die Offenlegung unserer persönlichen und gesellschaftlichen Widersprüche ermöglichte.

KEIE: Du musst Gesetze erlassen, die unsere Arbeit unzerstörbar machen. Gesetze, die den Gral für jede kommende Generation zum unverzichtbaren Ziel erheben (...)
ARTUS: Es gibt keine Gesetze, die die Zukunft festlegen. Gesetze sind Worte. Auch Gesetze kann man zerstören. Wir können nur hoffen und vertrauen.
KEIE: Vertrauen! Ich traue ihnen nicht. Ich trau deinem Sohn nicht, Artus. Wenn es uns nicht gelingt den Gral zu finden, bevor diese Leute an die Macht kommen...

Eine Woche vor unserer Premiere hatte am 7. Oktober auf dem Platz vor unserem Theater die erste große Demonstration in Plauen stattgefunden. Fast zwanzigtausend Menschen waren den heimlichen und von Mund zu Mund weitergetragenen Aufrufen gefolgt. Ich erinnere mich noch an den unheimlichen Lärm und an den beeindruckenden Anblick dieser Menschenmenge. Plauen hatte damals etwa siebzigtausend Einwohner, also war fast jeder Dritte gekommen. Ich erinnere mich auch an den über unseren Köpfen kreisenden Hubschrauber. An die auf die Demonstranten zufahrenden Wasserwerfer. An Staatssicherheitsleute in Zivil, bewaffnet mit Schlagstöcken, die schnell wieder in der Menge untertauchten, nachdem sie auf Widerstand stießen. An blutende, von Demonstranten verprügelte Polizisten. An flüchtende Menschen. Auch ich bin mit anderen, mir unbekannten Menschen davongelaufen. Wir sind durch Hauseinfahrten gerannt und über Zäune geklettert. Und ich erinnere mich auch heute noch genau an den Augenblick, als die meisten von uns dann wieder stehen blieben. Es war plötzlich eigentümlich still. Das rauschende Blut in meinen Ohren machte, dass die Geräusche vom Theaterplatz wie durch Watte klangen und ich stand da und dachte: Du musst jetzt wieder zurück! Du darfst nicht davonlaufen. Sonst war alles umsonst. Einige Wochen zuvor hatte ich in Rostock an meiner Schauspielschule mit einem Kommilitonen - später stellte sich heraus, dass er ebenfalls IM der Stasi war - eine freie Wandzeitung mit dem Namen „Ohne Filter" gegründet. Das war illegal, unerwünscht und damit auch gefährlich. Wir konnten jedoch nicht anders, wir mussten protestieren. Auslöser für unseren Versuch, Öffentlichkeit für die Probleme in unserem Land herzustellen, war damals die Niederschlagung der studentischen Proteste in Peking auf dem „Platz des himmlischen Friedens" und vor allem die schmähliche Reaktion unserer Politiker darauf, denn unabhängig davon, wie man diese Vorfälle politisch einordnen wollte, war es doch unser allererster humanistischer Konsens, dass der gewaltsame Tod von Menschen immer und in jedem Fall eine furchtbare Tragödie darstellt, also etwas ist, was wir niemals gutheißen würden dürfen. Die damaligen Politiker der DDR verteidigten jedoch in den Medien das Vorgehen des chinesischen Militärs ohne jede Geste der Trauer oder wenigstens des Bedauerns und mit dieser Haltung waren uns diese Paranoiker nach einer langen Folge ähnlicher Äußerungen in ihrer offensichtlichen Dummheit und unwürdigen Borniertheit unerträglich geworden. Wir waren vorher lange geduldig gewesen. Bis unser Mitgefühl und unser Respekt vor den Leiden und Leistungen der aus den faschistischen KZs und Zuchthäusern befreiten Widerstands- und Aufbaugeneration zusammenbrachen, waren Jahrzehnte ins Land gegangen. Aber sie brachen. Wir hatten ihren Krieg endgültig satt.

MORDRET: Er will wieder kämpfen, Vater. (...)
KEIE: Ich will keinen Krieg, Artus. Ich will nur nicht kampflos aufgeben, was wir so schwer erkämpft haben. Ich will, dass wir zu unseren alten Tugenden, zu unserer alten Kraft zurückfinden.
MORDRET: Und wie willst du das anstellen? Den alten Klingsor, unseren guten alten Feind, wieder aus der Versenkung hervorholen und das Volk zu den Waffen rufen?
KEIE: Dummer Junge. Du hast Klingsor nie gesehen, du musstest nie mit ihm kämpfen. Was weißt du von unseren Kämpfen.
MORDRET: Alles. Das ist Schulstoff, Opa.

Wenn die Menschen, die gerade die Macht innehaben, und das betrifft jede menschliche Gemeinschaft, ob in Familie, Beruf oder Politik, ausschließlich in den Kämpfen und den damit verbundenen Erfahrungen ihres eigenen Lebens gefangen bleiben und dadurch letztlich auch in Leugnung ihrer eigenen Vergänglichkeit eine solche Furcht vor Veränderungen entwickeln, dass sie zum Schutz ihrer eigenen Biografien nur noch angepasste Konformisten und korrupte Karrieristen als Nachwuchs ertragen, muss zwangsläufig ein Jahrgang heranwachsen, der sich, wenn es den Herrschenden nicht gelungen ist, ihn durch Manipulation mit peripheren Problemen zu beschäftigen oder durch Gewaltandrohung ruhig zu stellen, ausgeschlossen und zu Recht um seine eigene Gestaltungsteilhabe am Leben und an der Welt betrogen fühlt. Der Kampf um die Würde meiner Generation hatte damals begonnen. Ost oder West, das waren nicht unsere Themen. Auf den ersten Transparenten der Demonstranten ging es im Wesentlichen um die Basics der gedanklichen und emotionalen Freiheit, Gewaltlosigkeit und Entmilitarisierung, Freizügigkeit und Mitsprache, Gerechtigkeit und Solidarität, um den ökologischen Schutz unserer Erde. Kurz: Um Menschlichkeit und Vernunft.

KEIE: Ich bringe ihn um, Artus. Ich bringe ihn um. Ich will ihn vernichten, bevor er das Artusreich vernichtet. - Ich fordere dich, Mordret. Sei ein Mann und stell dich.
MORDRET: Ich will nicht mit dir kämpfen. Das sind Dummheiten, die mich langweilen. Das ist doch alles voriges Jahrhundert, Keie.

In Rostock war inzwischen die Staatssicherheit in der Hochschule. Meine kritischen Texte und die Karikaturen meines Kommilitonen waren abgenommen worden und Gerüchte von unserer bevorstehenden Exmatrikulation machten die Runde. Der Unterrichtsbetrieb war unterbrochen. Niemanden von uns hielt es noch in den Seminarräumen und auf den Probebühnen. Die Parteileitung der Schule tagte. Da hingen plötzlich an dem verwaisten Wandzeitungsbrett zwei neue Zettel. Auf ihnen stand, mit einer Schreibmaschine abgeschrieben, und man spürte aus den etwas schiefen Zeilen die Eile, mit der das geschehen sein musste, ein Gedicht. Es war Bertolt Brechts Gedicht „Lob des Zweifels“ und dieses Gedicht trug kommentarlos, denn dies brauchte keinen Kommentar, jedem war sofort klar, was hier passierte, drei Unterschriften. Eine war die meines damaligen Mentors Bernd Röther, die zweite war die des Schauspieldozenten Thomas Vallentin und

die dritte war die des damaligen Leiters der Hochschule Karl Heinz Adler. Beeindruckt standen die Studentenschaft und ein großer Teil des Kollegiums schweigend vor diesen einsamen Blättern, denn das war eine Sensation. Das war Widerstand! Vor allen Augen stellten sich drei Dozenten vor ihre gefährdeten Schüler. Es ist heute kaum noch zu ermessen, wie viel Mut damals zu solch einem öffentlichen Statement gehörte.
Die Stasileute, wohl durch diese unerwartete Solidarität irritiert, verließen das Schulgebäude und wir konnten vorerst weiterstudieren. Es gab also auch Unterstützung aus unserer Elterngeneration und ich bin meinen Dozenten bis heute dafür sehr dankbar. Nicht nur, weil ich mein Studium fortsetzen konnte, sondern vor allem, weil sie mich darin bestätigten, dass es immer nur richtig sein kann, zunächst den eigenen Wahrnehmungen glauben zu schenken und zu den eigenen Empfindungen von Recht und Unrecht zu stehen. Auch Dank ihnen konnte ich im Oktober 1989 in den Plauener Vorgärten stehenbleiben, als von fern der Ruf „Wir bleiben hier!“ von den bei der Demonstration Zurückgebliebenen wie durch Watte in meinen Ohren klang. Ich musste wieder zurück. Doch wie sollte ich das allein schaffen? Ich hatte meine Freunde auf der Flucht verloren und kannte niemanden von den Menschen, die jetzt um mich waren und um Atem rangen wie ich. Und dann geschah etwas Wunderbares, zögerlich zuerst sahen wir uns an, dann fassten wir uns gegenseitig ermutigend anlächelnd wie in Zeitlupe bei den Händen und gingen gemeinsam wieder zurück. Auf den Theaterplatz.

ARTUS: Ich bitte euch, seid ruhig. Alles was von Menschen geschaffen ist, wird einmal fraglich, alles, jede Idee, jede Erfindung, jede menschliche Einrichtung. Was sicher und gewiss erschien, ist plötzlich sehr zweifelhaft. Das ist nur für den Moment

fürchterlich (...) Es ist nicht das Ende, es ist der Anfang von etwas Neuem. (...)
KEIE: Unser Artusreich wird nicht mehr wiederzuerkennen sein, wenn es Leuten wie Mordret in die Hände fällt.
ARTUS: Du wirst es nicht verhindern können. Keiner. Mordret und alle die, die nach uns kommen, werden mit dem, was wir hinterlassen, tun was ihnen gefällt. (...) Wir haben den Gral nicht gefunden und (...) vielleicht ist das eine Arbeit, die unsere Kraft überschreitet. (...) Das was uns (...) quält und verstört, ist ein Hunger auf Hoffnung. Und diesen Hunger, der uns verzehrt und unzufrieden macht, der manche in Verzweiflung und Resignation stürzt, der uns lähmt und uns zu Feinden unserer selbst macht, diesen Hunger müssen wir stillen.

Als nach fast fünf Stunden die Premiere gespielt und der Schlussvorhang gefallen war, begann im Theater ein tumultartiger Applaus. Die Zuschauer stiegen dabei sogar teilweise auf die roten Samtsitze des Saals. Sie tobten. Jubelten. Manche winkten und schrien etwas. Einige weinten. Andere lachten ununterbrochen. Und wir Schauspielerinnen und Schauspieler klatschten ihnen, ebenso wie sie von der Magie dieser besonderen Stunden ergriffen, gemeinsam mit dem Regisseur von der Bühne zurück. Nach einer Weile entstand aus diesem allgemeinen Chaos zwischen uns allen ein immer lauter und mitreißend werdender Rhythmus. Erst vereinzelt, doch dann zunehmend und vielstimmig, und schließlich mächtig, erfüllte unser gemeinsamer Ruf nach der damals noch illegal arbeitetenden populären Bürgerbewegung „Neues Forum! Neues Forum! Neues Forum!“ das Plauener Stadttheater. „Das war der Anfang der Veränderung unserer Welt“, kann man heute auf einer Gedenktafel an die Ereignisse vom 7.Oktober 1989 auf dem Plauener Theaterplatz lesen.

MORDRET: Ich habe dich eben bewundert.
ARTUS: Ach, wirklich?
MORDRET: Es war sehr mutig, ihnen allen zu sagen, dass du nicht weiter weißt.
ARTUS: Das ist mir schwer gefallen. (...) Wir verstehen dich nicht. Wir verstehen nicht, was du willst.
MORDRET: Das weiß ich selbst nicht. Aber das alles hier, das will ich nicht. (...)
ARTUS: Ich habe Angst, Mordret. Du wirst viel zerstören.
MORDRET: Ja, Vater.

Es war vorbei. Mein Kollege Dieter Maas, der den König Artus gespielt hatte und ich, wir standen auf der Bühne, sahen uns an und waren wie alle um uns herum sehr dankbar, glücklich und unheimlich erschöpft. Wir hatten uns gerade selbst neu geboren. Wir weinten. Wir hatten die Tränen des Stolzes in den Augen und auch die Tränen des Schmerzes. Vielleicht, weil wir damals schon ahnten, dass auch Klingsor der neuen Welt seine Nachkommen hinterlassen würde. Aber für diesen einen wunderbaren Augenblick waren wir alle sehr schön, wir leuchteten. Wir standen in Flammen und waren gleichzeitig todmüde. Ein jeder von uns glich einem Phönix. Und rings um uns lag unsere Asche.

Der mythische Vogel PHÖNIX verbrennt am Ende seines Lebenszyklus. Nach dem Erlöschen der Flammen bleibt in seiner Asche jedoch immer ein Ei zurück, aus dem sofort ein neuer Phönix schlüpft. In der Spätantike wurde er zum Symbol der Unsterblichkeit. Bei den Christen galt er als ein Sinnbild der Auferstehung.

BIOGRAFISCHES

ERICH KISSING wurde 1943 in Leipzig geboren. Nach einer Lehre als Offset-Retuscheur studierte er an der Hochschule für Grafik und Buchkunst Leipzig Malerei u.a. bei Werner Tübke, Hans Mayer-Foreyt und Wolfgang Mattheuer. Er unternahm zahlreiche Studienreisen nach Rügen, Ungarn, Rumänien und in den Kaukasus. Kissing lebt und arbeitet als freischaffender Künstler in Leipzig-Knautkleeberg.

OLAF HILLIGER, geboren 1962 in Berlin, studierte nach einer Ausbildung zum Reprofotografen an der Hochschule für Schauspielkunst „Ernst Busch“ in Rostock. Er arbeitete als Schauspieler, Regisseur und Schauspieldirektor. Außerdem schrieb er Bühnenmusiken für Theaterstücke. Hilliger wurde 2005 als Professor für Schauspiel an die Hochschule für Musik und Theater „Felix Mendelssohn Bartholdy“ Leipzig berufen und begleitet seitdem die Studierenden mit der Kamera.

ULF MANHENKE wurde 1964 in Oranienburg geboren. Nach Arbeit als Bauhelfer und Bühnentechniker studierte er an der Hochschule für Schauspielkunst „Ernst Busch“ in Rostock. Danach arbeitete er als Schauspieler, Regisseur und Theaterleiter. Er unterrichtete an verschiedenen staatlichen Schauspielschulen. Im Jahr 2000 folgte Manhenke einem Ruf als Professor für Schauspiel an die Hochschule für Musik und Theater „Felix Mendelssohn Bartholdy“ Leipzig.

ZUEIGNUNG

Für alle Witzbolde, Angsthasen und Sinnenmotten. Allen Zimtziegen, Gedankenakrobaten, Wortjongleuren, Gerechtigkeitsaposteln, Närrinnen und Eulenspiegeln. Auch allen Tanzmäusen und Körperclowns. Allen Fingerknauplern, Musiksandalen, Tagträumern und Nachtschwärmern. Für alle Schmerzensfrauen und Schmerzensmänner. Allen Hühnerbrüsten, Kasperköpfen, Pissnelken und Ningelkissen. Allen Blutschwitzern und Weiberhelden. Allen Blaustrümpfen und Verführerinnen. Allen Lachsäcken, Klapsbirnen und Faxenmachern. Allen Hans Würsten, Hampelfrauen und Hampelmännern. Allen Gesichtskomikern, Grinsebacken, Alleinunterhaltern und Selbstdarstellern. Den Sterntalern und Funkenmariechen. Allen Hasardeuren und Haudegen. Allen Prinzessinnen und allen Casanovas. Jeder Rampensau und auch den Knattermimen, Blödelbarden, Knallchargen und Weltenbummlern. Den Raufbolden und Wundertüten. Allen Nichtsnutzen und Alleskönnern. Allen Schaumschlägern und Trauerklößen. Für die Lorbasse und die Heulbojen. Allen Halbstarken und Kraftprotzen. Den Püppchen und Weibsbildern. Allen Weicheiern, Traumdeutern, Kräuterhexen, Flitzpiepen und Kindsköpfen. Für jeden Aufrichtigen und jeden Wahrheitssucher.

Fliegt mit uns, wenn ihr könnt.

In Zeiten großer Siege und Niederlagen schrieb Bertolt Brecht im Jahre 1933 folgendes Gedicht

LOB DES ZWEIFELS

Gelobt sei der Zweifel! Ich rate euch, begrüßt mir
Heiter und mit Achtung den
Der euer Wort wie einen schlechten Pfennig prüft!
Ich wollte, ihr wäret weise und gäbt
Euer Wort nicht allzu zuversichtlich.

Lest die Geschichte und seht
In wilder Flucht die unbesieglichen Heere.
Allenthalben
Stürzen unzerstörbare Festungen ein und
Wenn die auslaufende Armada unzählbar war
Die zurückkehrenden Schiffe
Waren zählbar.

So stand eines Tages ein Mann auf dem unbesteigbaren
Berg
Und ein Schiff erreichte das Ende des
Unendlichen Meers.

O schönes Kopfschütteln
Über der unbestreitbaren Wahrheit!
O tapfere Kur des Arztes
An dem rettungslos verlorenen Kranken!

Schönster aller Zweifel aber
Wenn die verzagten Geschwächten den Kopf heben und
An die Stärke ihrer Unterdrücker
Nicht mehr glauben!

Oh, wie war doch der Lehrsatz mühsam erkämpft!
Was hat er an Opfern gekostet!
Daß dies so ist und nicht etwa so
Wie schwer war's zu sehen doch!

Aufatmend schrieb ihn ein Mensch eines Tages in das
Merkbuch des Wissens ein.
Lange steht er vielleicht nun da drin und viele
Geschlechter
Leben mit ihm und sehn ihn als ewige Weisheit
Und dann mag es geschehn, daß ein Argwohn entsteht,
denn neue Erfahrung
Bringt den Satz in Verdacht. Der Zweifel erhebt sich.
Und eines anderen Tags streicht ein Mensch im Merkbuch
des Wissens
Bedächtig den Satz durch.

Von Kommandos umbrüllt, gemustert
Ob seiner Tauglichkeit von bärtigen Ärzten, inspiziert
Von strahlenden Wesen mit goldenen Abzeichen, ermahnt
Von feierlichen Pfaffen, die ihm ein von Gott selber verfaßtes
Buch um die Ohren schlagen
Belehrt
Von ungeduldigen Schulmeistern, steht der Arme und hört
Daß die Welt die beste der Welten ist und daß das Loch
Im Dach seiner Kammer von Gott selber geplant ist.
Wirklich, er hat es schwer
An dieser Welt zu zweifeln.
Schweißtriefend bückt sich der Mann, der das Haus baut, in
dem er nicht wohnen soll
Aber es schuftet schweißtriefend auch der Mann, der sein
eigenes Haus baut.
Da sind die Unbedenklichen, die niemals zweifeln.
Ihre Verdauung ist glänzend, ihr Urteil ist unfehlbar.
Sie blauben nicht den Fakten, sie glauben nur sich. Im
Notfall
müssen die Fakten dran glauben. Ihre Geduld mit sich selber
Ist unbegrenzt. Auf Argumente
Hören sie mit dem Ohr des Spitzels.

Den Unbedenklichen, die niemals zweifeln
Begegnen die Bedenklichen, die niemals handeln.
Sie zweifeln nicht, um zur Entscheidung zu kommen,
sondern
Um der Entscheidung auszuweichen. Ihre Köpfe
Benützen sie nur zum Schütteln. Mit besorgter Miene
Warnen sie die Insassen sinkender Schiffe vor dem Wasser.
Unter der Axt des Mörders
Fragen sie sich, ob er nicht auch ein Mensch ist.
Mit der gemurmelten Bemerkung
Daß die Sache noch nicht durchforscht ist, steigen sie ins Bett.
Ihre Tätigkeit besteht in Schwanken.
Ihr Lieblingswort ist: nicht spruchreif.

Freilich, wenn ihr den Zweifel lobt
So lobt nicht
Das Zweifeln, das ein Verzweifeln ist!

Was hilft zweifeln können dem
Der nicht sich entschließen kann!
Falsch mag handeln
Der sich mit zu wenigen Gründen begnügt
Aber untätig bleibt in der Gefahr
Der zu viele braucht.

Du, der du ein Führer bist, vergiß nicht
Daß du es bist, weil du an Führern gezweifelt hast!
So gestatte den Geführten
Zu zweifeln!

PERSONEN

Adler, Karl Heinz (1928 - 1912), dt. Regisseur u. Schauspiellehrer
Albee, Edward (1928 - 2016), US-amerik. Schriftsteller
Aristoteles (384 v. Chr. - 322 v. Chr.), griech. Philosoph
Beckett, Samuel (1906 - 1989), irischer Schriftsteller
Bergman, Ingmar (1918 - 2007), schwed. Drehbuchautor u. Regisseur
Bigalke, Hans-Christoph (geb. 1951), dt. Fotograf u. Filmregisseur
Böwe, Kurt (1929 - 2000), dt. Schauspieler
Brahe, Tycho (1546 - 1601), dän. Astronom
Brasch, Thomas (1945 - 2001), dt. Schriftsteller
Braun, Volker (geb. 1939), dt. Schriftsteller
Brecht, Bertolt (1898 - 1956), dt. Dramatiker u. Lyriker
Brĕzan, Jurij (1916 - 2006), dt.-sorbischer Schriftsteller
Castorf, Frank (geb. 1951), dt. Regisseur u. Intendant
Chaplin, Charlie (1889 - 1977), brit. Regisseur u. Schauspieler
Dennewitz, Ekkehard (geb. 1945), dt. Theaterregisseur
Dufner, Michael, (geb. 1981), dt. Psychologe
Eisenstein, Sergej (1998 - 1948), russ. Filmregisseur
Einstein, Albert (1879 - 1955), dt.-amerik. Physiker
Flusser, Vilém (1920 -1991), tsch.-jüd. Medienphilosoph
Ford, Henry (1863 - 1947), US-amerik. Automobilhersteller
Fühmann, Franz (1922 - 1984), dt. Schriftsteller
de Funès, Louis (1914 - 1983), frz. Schauspieler
von Goethe, Johann Wolfgang (1749 - 1832), dt. Dichter u. Dramatiker
Grass, Günter (1927 - 2015), dt. Schriftsteller u. Bildender Künstler
Grebe, Rainald (geb. 1971), dt. Liedermacher u. Schauspieler
Gundermann, Gerhard (1955 - 1998), dt. Liedermacher
Hagen, Nina (geb. 1955), dt. Sängerin u. Schauspielerin
Hein, Christoph (geb. 1944), dt. Schriftsteller

Han, Byung-Chul (geb. 1959), korean.-dt. Philosoph
Handke, Peter (geb. 1942), österr. Schriftsteller
Hartmann, Sebastian (geb. 1968), dt. Theaterregisseur
Hauptmann, Gerhard (1862 - 1946), dt. Dramatiker u. Schriftsteller
Hesse, Hermann (1877 - 1962), dt.-schweiz. Dichter u. Schriftsteller
von Heyse, Paul (1830 -1914), dt. Schriftsteller u. Dramatiker
Houellebecq, Michel (geb. 1956), frz. Schriftsteller
Hüther, Gerald (geb. 1951), dt. Neurobiologe
Ibsen, Henrik (1828 -1906), norweg. Dramatiker u. Lyriker
Jonstone, Keith (geb. 1933), brit. Dramaturg u. Schauspiellehrer
Kahlau, Heinz (1931 - 2013), dt. Lyriker
Keppler, Johannes (1571 - 1630), dt. Mathematiker u. Theologe
von Kleist, Heinrich (1777 - 1811), dt. Dramatiker u. Lyriker
Kierkegaard, Søren (1813 - 1855), dän. Philosoph u. Schriftsteller
Klöck, Anja (geb. 1971), dt. Regisseurin u. Theaterwissenschaftlerin
Konfuzius (551 v. Chr. - 479 v. Chr.), chin. Philosoph
Kopernikus, Nikolaus (1473 - 1543), dt.-poln. Arzt u. Astronom
Kundera, Milan (geb. 1929), tsch.-frz. Schriftsteller
Lincoln, Abraham (1809 - 1865), US-amerik. Politiker
Luther, Martin (1483 - 1546), dt. Reformator
Luther King, Martin (1929 - 1968), US-amerik. Pastor und Bürgerrechtler
Maas, Dieter (geb. 1951), dt. Schauspieler
Maaz, Hans-Joachim (geb. 1943), dt. Psychiater u. Psychoanalytiker
Majakowski, Wladimir (1893 - 1930), russ. Dichter
Mann, Thomas (1875 - 1955), dt. Schriftsteller
Maradona, Diego (geb. 1960) argent. Fußballspieler
May, Karl (1842 - 1912), dt. Schriftsteller
Meyer, Clemens (geb. 1977), dt. Schriftsteller
Morgenstern, Christian (1871 - 1914), dt. Dichter u. Schriftsteller
Müller, Heiner (1929 - 1995), dt. Dramatiker u. Lyriker

Obama, Barack (geb. 1961), US-amerik. Politiker
O'Neill, Eugene (1888 - 1953), US-amerik. Dramatiker
Otto, Hans (1900 - 1933), dt. Schauspieler
Perceval, Luk (geb.1957), belg. Theaterregisseur
Peymann, Claus (geb. 1937), dt. Theaterregisseur u. Intendant
Picabia, Francis (1879 - 1953), frz. Schriftsteller u. Maler
Röther, Bernd (1941 - 2013), dt. Regisseur u. Schauspiellehrer
Schernikau, Ronald M. (1960 - 1991), dt. Schriftsteller
von Schiller, Friedrich (1759 - 1805), dt. Dichter u. Dramatiker
Schopenhauer, Arthur (1788 - 1860), dt. Philosoph
Schütt, Hans-Dieter (geb. 1948), dt. Journalist
Shakespeare, William (1564 - 1616), brit. Dramatiker u. Lyriker
Stanislawski, Konstantin (1863 - 1938), russ. Theaterreformer
Steimle, Uwe (geb. 1963), dt. Kabarettist u. Schauspieler
Stein, Peter (geb. 1937), dt. Regisseur u. Theaterleiter
Strittmatter, Erwin (1912 - 1994), sorbisch-dt. Schriftsteller
Strittmatter, Eva (1930 - 2011), dt. Dichterin
Tabori, George (1914 - 2007) ungar.-dt. Dramatiker u. Spielmacher
Vallentin, Thomas (geb. 1945), dt. Regisseur u. Schauspiellehrer
Vian, Boris (1920 - 1959), frz. Schriftsteller u. Musiker
Wader, Hannes (geb. 1942), dt. Musiker u. Liedermacher
Waits, Tom (geb. 1949), US-amerik. Sänger u. Schauspieler
Wedekind, Frank (1864 - 1918), dt. Schriftsteller u. Dramatiker
Witheman, Walt (1819 - 1892), US-amerik. Lyriker
Ziegler, Jean (geb. 1934), schweiz. Soziologe u. Politiker

LITERATUR

„Augenblick“ in „Sämtliche Gedichte“ v. Eva Strittmatter
„Als wir träumten“, Roman v. Clemens Meyer
„Always look on the bright side of life“, Song v. Monty Python
„Arbeitsbuch“, v. Thomas Brasch
„Auftrag“, Veröffentl. d. HMT Leipzig, Gerhard Neubauer, Bernd Guhr, Ulf Manhenke
„Bauch und/oder Kopf“, Seminarmaterial v. Michael Mechel
„Beliebt, berühmt, berüchtigt?“, wiss. Studie, Universität Leipzig, Ltg. Michael Duffner
„Birth order and college major in Sweden“, Oxford Academic, wiss. Studie, Ltg. Mikko Myrskylä
„Das kalte Herz“, Märchen v. Wilhelm Hauff
„Das falsche Leben. Ursachen und Folgen unserer normopathischen Gesellschaft“, Gesellschaftsanalyse v. Hans-Joachim Maaz
„Der aufhaltsame Aufstieg des Arturu Ui“, Theaterstück v. Bertolt Brecht
„Der Club der toten Dichter“, Filmdrama v. Peter Weir
„Der gute Mensch von Sezuan“, Theaterstück v. Bertolt Brecht
„Der Laden“, Roman-Trilogie v. Erwin Strittmatter
„Der Steppenwolf“, Roman v. Hermann Hesse
„Der süße Brei“, Hausmärchen d. Brüder Grimm
„Der Unfugladen oder endlich Schluß mit dem Theater?“, Kurt Böwe u. Günter Gaus
„Die Arbeit des Schauspielers an sich selbst“, Konstantin Stanislawski
„Die Blechtrommel“, Roman v. Günter Grass
„Die Buddenbrooks“, Gesellschaftsroman v. Thomas Mann
„Die ganz, ganz, ganz große Liebe“, Lied v. Bruce Berger
„Die Gischt der Tage“, Roman v. Boris Vian
„Die Kipper“, Theaterstück v. Volker Braun

„Die Langsamkeit“, Roman v. Milan Kundera
„Die Möglichkeit einer Insel“, Roman v. Michel Houellebecq
„Die narzisstische Gesellschaft. Ein Psychogramm“, Hans-Joachim Maaz
„Die Ritter der Tafelrunde“, Komödie v. Christoph Hein
„Die Schaubühne als moralische Anstalt betrachtet“, Friedrich von Schiller
„Die Tage in L.“, Essay v. Ronald M. Schernikau
„Die Weisheit der Shaolin“, Werner Schwanfelder
„Die Zoogeschichte“, Einakter v. Edward Albee
„die zukunft“, Lied v. Gerhard Gundermann
„Dschihad versus McWorld“, Artikel in „Lettre“ v. Benjamin R. Barber
„Duft der Zeit“, Essay v. Byung-Chul Han
„Eva Strittmatter - Leib und Leben“, Gespräch m. Irmtraud Gutschke
„Faust. Eine Tragödie“, Johann Wolfgang von Goethe
„Für alle reicht es nicht: Texte zum Kapitalismus“ v. Heiner Müller
„Gänseblümchen, Sonnenblumen“, Artikel in „nd“ v. Hans-Dieter Schütt
„Gras“, Lied v. Gerhard Gundermann
„Hä?“, Rezension in „neues deutschland“ von Hans-Dieter Schütt
„Hamlet“, Theaterstück v. William Shakespeare
„Herbstsonate“, Film v. Ingmar Bergman
„Improvisation und Theater“, Keith Jonstone
„Ingmar Bergman - Über Leben und Arbeit“, Interview m. Jörn Donner
„Kein Gott“ in „Bögen“, Gedicht v. Heinz Kahlau
„König Drosselbart“, Märchen d. Brüder Grimm
„Kommunikologie“, Vilém Flusser
„Krabat oder Die Verwandlung der Welt“, Roman v. Jurij Brĕzan
„Küünstler“, Lied v. Rainald Grebe
„Leipziger Leitbild“, Homepage des Schauspielinstituts „Hans Otto“ der HMT Leipzig

„Luk Perceval“, Nahaufnahme, Gespräche m. Thomas David
„Lutherbibel“, Übersetzung des Alten Testaments, Martin Luther
„Macbeth“, Tragödie v. William Shakespeare
„Marsyas: Mythos und Traum“, Erzählung v. Franz Fühmann
„Medea“, Tragödie v. Euripides
„Mein Kampf“, Groteske v. George Tabori
„Meyerhold und Andere“, Hrsg. Meyerhold-Zentrum Moskau, Üb. Gerhard Neubauer
„Nora oder Ein Puppenheim“, Theaterstück v. Henrik Ibsen
„Orientzyklus“, Roman-Reihe v. Karl May
„Poetik“, Vorlesung v. Aristoteles
„Prinz Friedrich von Homburg oder die Schlacht bei Fehrbellin“, Drama v. Heinrich von Kleist
„Rettet das Spiel! Weil Leben mehr als Funktionieren ist“, v. Gerald Hüther u. Christoph Quarch
„Romeo und Julia“, Tragödie v. William Shakespeare
„Schon morgen“, Lied v. Hannes Wader
„Über die Dörfer“, Dramatisches Gedicht v. Peter Handke
„Unser Kopf ist rund, damit das Denken die Richtung wechseln kann“, Gesammelte Aphorismen v. Francis Piabia
„Vor Sonnenaufgang“, Sozialdrama v. Gerhart Hauptmann
„Wallenstein“, Dramen-Trilogie v. Friedrich von Schiller
„Warten auf Godot“, Theaterstück v. Samuel Beckett
„Weißes Papier“, Song v. Element of Crime
„Wir fanden einen Pfad: Neue Gedichte“ v. Christian Morgenstern
„Wo die wilden Kerle wohnen“, Film nach d. Kinderbuch v. Maurice Senda

Die Wiedergabe der Texte von Thomas Brasch „Warum spielen“ und Peter Handke „Über die Dörfer“ erfolgt mit freundlicher Genehmigung des Suhrkamp Verlag, Frankfurt am Main.

Die auszugsweise Verwendung von Texten aus dem Stück „Die Ritter der Tafelrunde“ von Christoph Hein erfolgt mit freundlicher Genehmigung des henschel SCHAUSPIEL Theaterverlag, Berlin.

Der Abdruck der Bilder „Träumerei“, „Jenseits von Leipzig“, „Mittag“, „Nach dem Bade“, „Am Stadtrand von Leipzig III“ und „Zureiten“ von Erich Kissing erfolgt mit freundlicher Genehmigung des Künstlers. Bildnachweis Galerie Schwind, Leipzig. Bildrechte VG Bild-Kunst, Bonn.

Ich danke allen Menschen, die mich bei der Entstehung dieses Buches unterstützt haben. Meinen Studentinnen und Studenten danke ich für ihre Offenheit und die Zuneigung, die sie mir geschenkt haben. Meinen Kolleginnen und Kollegen danke ich für ihren Sachverstand und unsere vielen freundschaftlichen Gespräche. Meiner Frau und meinen Söhnen danke ich für ihre ausdauernde Unterstützung, ihre Kritik und ihre Liebe. U.M.

INHALT

mich keiner mag / Stress / Zeitnot / Symbolhandlungen / Wir müssen mehr singen / Das Einfache / Ich habe da einen Typen in mir, der professionell ist im Verdrängen / Die Inbesitznahme des Unerreichbaren / Ich war eine sentimentale Kuh / Der Einfall / Die Schönheit der Erkenntnis / Oh ja, diese Bauchschmerzen / Die Dritte Sache / Narren / Ich habe große Lust nach Präsenz / Sehnsucht / Wie habe ich es genossen, das zu fühlen / Draußen und Drinnen / Das Beschissenste / Spektakel / Meditation / Ich wollte allen gefallen / Der Körper / Die Stimme / Das Staunen / Du Oma, am liebsten habe ich Angst vor dem bösen Wolf / Privat und Persönlich / Erschüttern lassen / Geben und nehmen / Denken: ein Anfang / Wach bleiben / Das war mein Trick / Nächste Chance / Ja sagen / Schwanger? / Positiv werten / Über die Kritik / Die eigentliche Arbeit / Colloquium / Selbstkritik / Ich will nicht immerzu unzufrieden mit mir sein / Selbstprovokation / Erste Rettung: Größenwahn / Keine Erlösung / Das kenne ich von zu Hause / Hoher Betrag / Regulation und Deregulation / Disziplin / Konkretheit / Ich war damals echt fertig / Untertext / Check-in / Werktreue? / Unsere Zeitgenossenschaft / Liebe, Hass und Gleichgültigkeit / Drehpunkt / Der Schritt in die Klarheit / Das “Erste Mal” / Ich war noch ein Anfänger / Befreiung / Ich bin wohl eigentlich ein Kopfmensch / Ganz kleiner Kniff / Emotionen: die Währung des Lebens / Dein Herz, sein Schlag, dein Rhythmus / Wiederholbarkeit und Aktualität / Nach der Premiere, wo man an allen Lippen hängt / Das scharfe Abc / Wahrnehmung / Ich beobachte die ganze Welt jetzt viel intensiver / Das Theater als Tempel / Und da sagte meine Mutter zu mir: Du hörst jetzt bitte auf! / Das Theater als Forschungslabor / Emanzipation und Handwerk / Ich arbeite gern aus dem Bauch / Das Zentrum / Das war seltsam / Magische Momente / Leibwächter von Obama / Welten / Trost / Ich bin ein Landei / Kein Entkommen / Ich kann nicht anders: Ich glaube

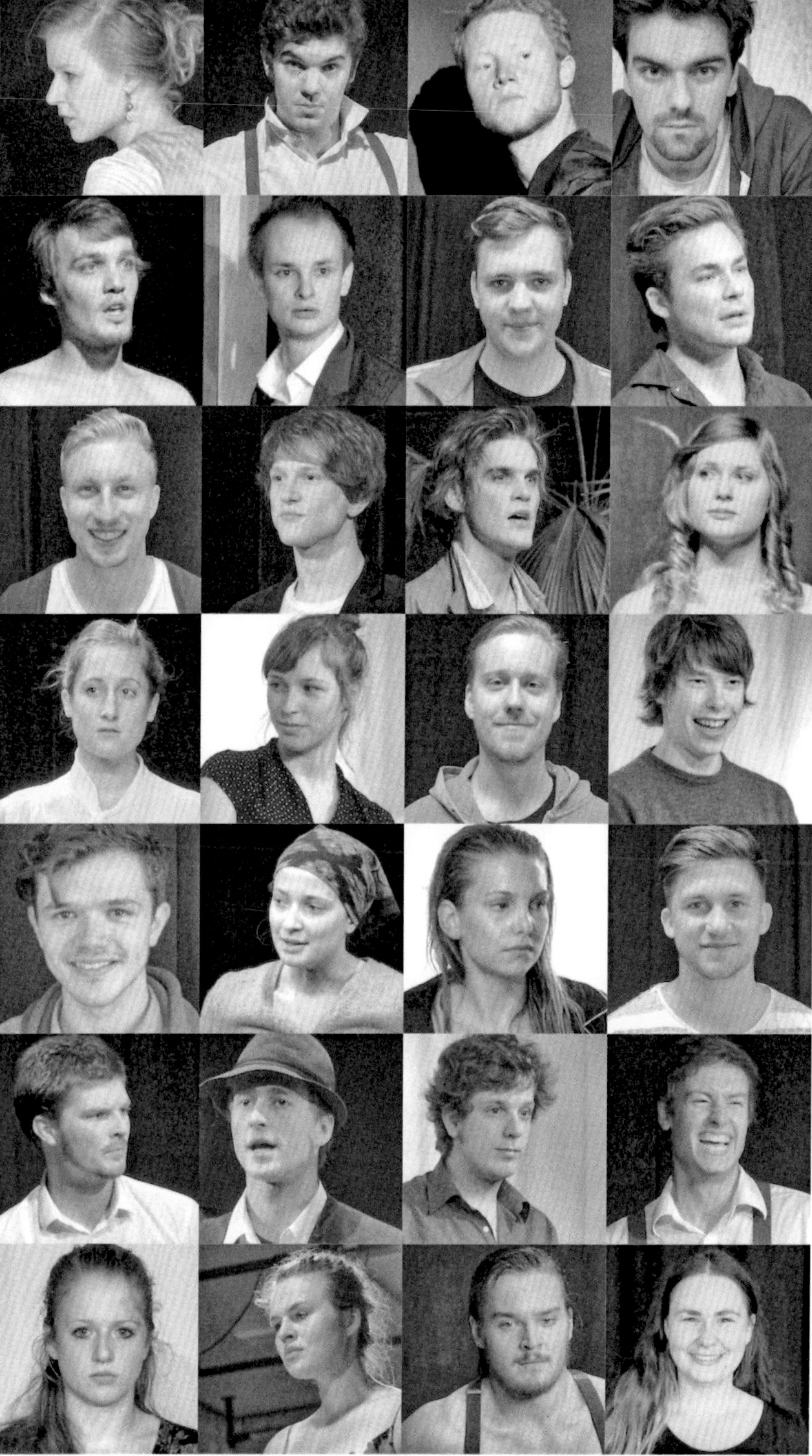

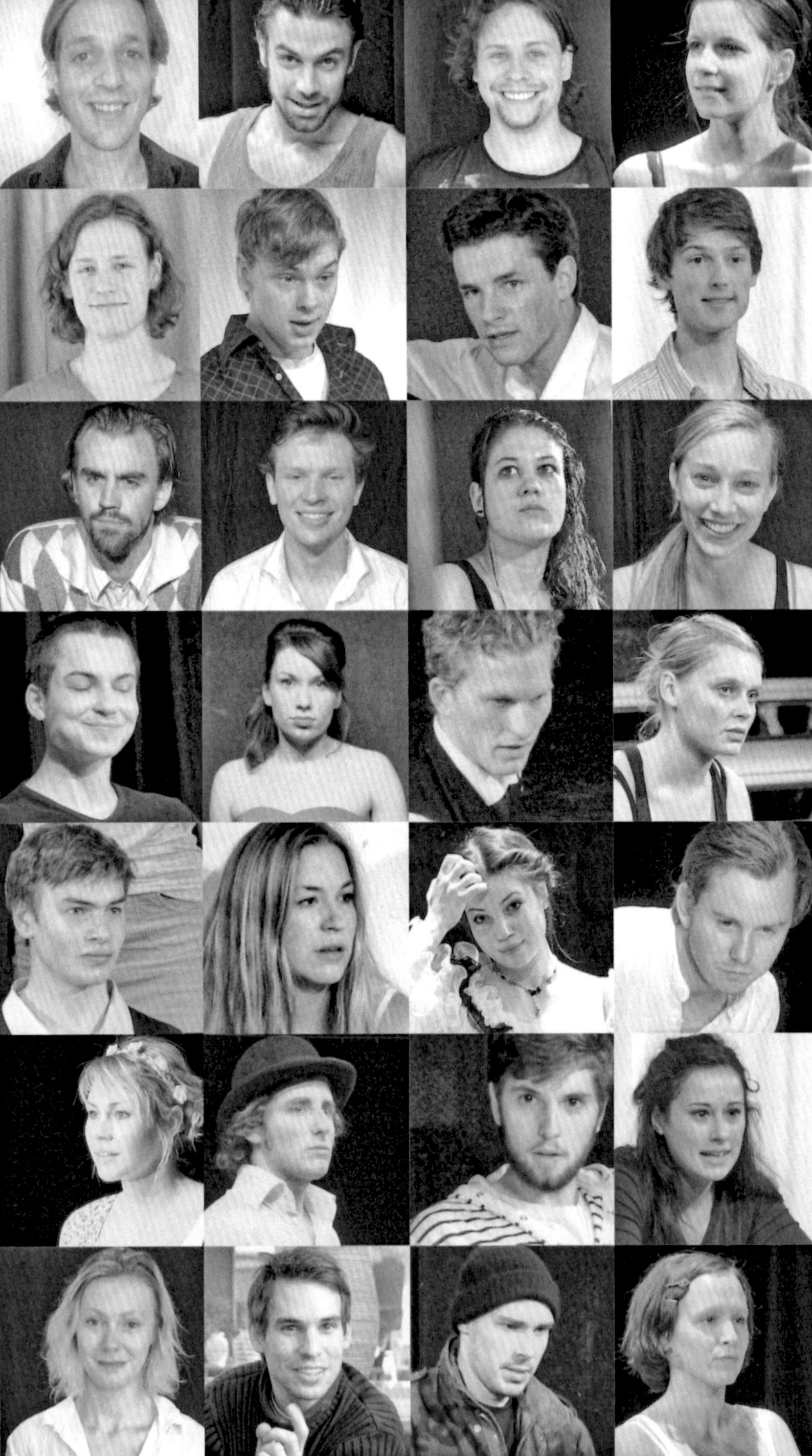